Originalausgabe

13. Auflage

© 2012 Verlag Friedrich Oetinger GmbH, Max-Brauer-Allee 34, 22765 Hamburg

Alle Rechte dieser Ausgabe vorbehalten

© Text: Mark Benecke (www.benecke.com)

© Umschlag und Illustrationen: Max Fiedler

© Fotos: Jan Haas pa·picture alliance
Ein Unternehmen der dpa-Gruppe

      S. 5, 31, 32, 77 oben, 84, 137, 138, 152: pa·picture alliance
Ein Unternehmen der dpa-Gruppe

      S. 23, 43, 61, 66, 77 unten, 92, 98, 99, 107, 133, 143, 147: Shutterstock

      S. 50: Peter Reh

      S. 51: Justin Evidon

      S. 53: Eric Workman, Annals of Improbable Research

      S. 58: Meckes | Ottawa | eye of science | Agentur Focus

      S. 148: Nicole Hartmann

Gestaltung: Jonas Schenk

Pädagogische Beratung: Claus-Jürgen Ruoff

Druck und Bindung: Livonia Print SIA, Jurkalnes iela 15/25, LV-1046 Riga, Lettland

Die Informationen in diesem Buch sind vom Autor und dem Verlag sorgfältig geprüft worden, dennoch kann eine Garantie nicht übernommen werden. Eine Haftung des Autors bzw. des Verlags für Personen-, Sach- und Vermögensschäden ist deshalb ausgeschlossen.

Dieses Buch wurde auf FSC-zertifiziertem Papier gedruckt. FSC (Forest Stewardship Council®) ist eine nicht staatliche, gemeinnützige Organisation, die sich für eine ökologische und sozialverantwortliche Nutzung unserer Wälder einsetzt.

Printed 2021

978-3-7891-8437-6

www.oetinger.de

Mark Benecke

Alle Experimente garantiert selbst erprobt!

Das knallt dem Frosch die Locken weg!

Experimente für kleine und große Forscher

Mit Bildern von Max Fiedler

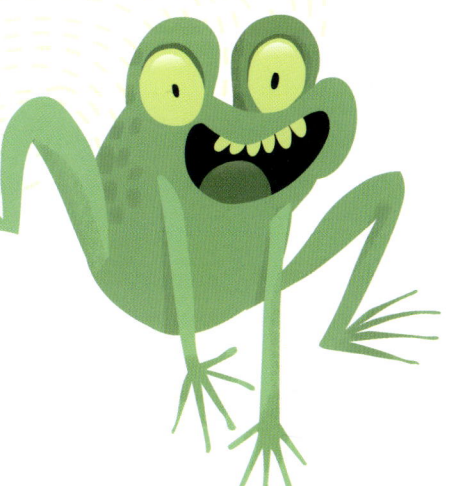

Verlag Friedrich Oetinger • Hamburg

Mark Benecke

Michael Faraday

(1791 – 1867)

Widmung

In Gedenken an Michael Faraday, der viel Spaß am Experimentieren hatte und nebenbei ein sehr schickes Lehrbuch schrieb, das nur von einer Kerze handelt. Crazy! Dank auch an meine coolen Eltern, die mich in meinem Kinderzimmer immer experimentieren ließen, so viel ich wollte, und mir sogar einen klappbaren Experimentiertisch hineinbauten, damit der Teppich nicht so litt und ich beim Salzbilden keinen krummen Rücken kriegte.

Inhalt

Anfangs-Ansage

Hallo!

Ich bin Mark Benecke, von Beruf Kriminalbiologe und Spezialist für forensische Entomologie. Das bedeutet, ich erforsche Insekten; genauer gesagt, Insekten, die sich auf Leichen ansiedeln. Daran kann man jede Menge ablesen, zum Beispiel, wie lange die Leiche schon liegt und ob sie an diesem Ort gestorben ist oder vielleicht ganz woanders, und noch viele andere wichtige Dinge, die bei der Aufklärung eines Todesfalls helfen können. Auch andere Spuren am Fundort, zum Beispiel Blut, gehören in mein Aufgabengebiet.

„Wie bist du Kriminalbiologe geworden? Und ist das nicht spannend, aber auch saueklig?" Das sind die Fragen, die mir am häufigsten gestellt werden.

Ein spannender Beruf ist es auf jeden Fall, und ich finde ihn auch nicht eklig. Wie ich dazu kam, ist eigentlich ganz einfach. Meine Eltern waren so cool, mir ziemlich alles zu schenken, was mir Spaß machte. Zumindest, wenn ich es wirklich wollte. Das war unter anderem ein kleines Plastikmikroskop, mit dem ich die ausgefallenen Federn unseres Wellensittichs vergrößert habe. Super, was man dabei so sieht – unter anderem, warum die einzelnen Teile der Feder zusammenhalten. Eigentlich besteht so eine Feder nämlich aus lauter getrennten Fädchen, die den Wind einfach so durchlassen müssten. Tun sie aber nicht – denn es gibt da diese sehr abgefahrene Verzahnung ...

Außerdem hatte ich einen Physikkasten, einen Detektivkasten und einen Chemiekasten. Richtig vermutet: Das alles interessierte sonst keinen. Mich aber schon. Kein Wunder, dass ich bis heute nicht Fußball spielen kann, nie einen Führerschein gemacht habe und noch nie ein Radio oder einen Fernseher besessen habe. Ich habe eben mit anderen Dingen rumgefummelt. Und so kommt es, dass aus dem kleinen Jungen mit den ganzen komischen Kästen ein großer Junge mit einem großen Kasten geworden ist – meinem Tatortkoffer.

Als ich neulich mein altes Lieblings-Experimentierbuch hervorkramte – auf der Titelseite steht „Völlig gefahrlose Versuche" –, staunte ich. Man kann mithilfe dieser Anleitungen giftiges Chlorgas herstellen (Beruhigung im Buch: „Bevor es gefährlich wird, riecht man es längst"), Knallreaktionen durchführen, die schon durch Anstrahlen mit Sonnenlicht die Geräte sprengen („Vorhänge zuziehen und vorsichtshalber die Hand mit einem Küchentuch umwickeln"), sowie Tränke brauen und Apparate bauen, deren Zutatenkauf heute ein Sonderkommando der Polizei auf den Plan riefe. Ähem, so machen wir das hier nicht. Es soll aber trotzdem krachen, stinken und richtig Spaß machen. Mir zumindest hat das Basteln und Tüfteln für dieses Buch sauviel Freude gemacht. Das ist schließlich auch der Grund, warum ich ein Kriminalbiologe geworden bin, der Insekten, Sperma, Blut und Haare untersucht: weil ich so gerne rumprobiere und Verstecktes suche. Es ist Wahnsinn, was man so alles sieht, wenn man genau hinguckt, mal was ausprobiert und ein paar Fragen stellt. Wenn dir so was auch Spaß macht, dann hast du das richtige Buch in der Hand!

Viel Spaß beim Experimentieren!

Dr. Mark Benecke

Übrigens …

Kleiner Hinweis zum Thema Zutatenkauf: Mit einigen Chemikalien lassen sich (mehr oder weniger) gefährliche Dinge anstellen, die zudem derbe stinken können. Viele Apotheker fragen daher genau nach, was ihr mit den Stoffen vorhabt. Darum habe ich am Ende des Buches einen Ausweis zum Apotheker-Überzeugen eingefügt. Ich habe es in meiner Apotheke ausprobiert – es klappt. Im Zweifelsfall nehmt eure Eltern mit, wenn die Apotheker euch das Zeugs nicht verkaufen wollen oder dürfen. Auch im Internet kriegt man so manches, oft sogar problemloser!

Viele Zutaten könnt ihr mehrfach verwenden. Ich habe alle Versuche erstens so einfach wie möglich aufgebaut und zweitens, wenn möglich, die Materialien so ausgewählt, dass sie gleich für mehrere Experimente taugen.

Was die Entsorgung angeht: Meiner Meinung nach kann alles, was nach den Experimenten nicht mehr verwendet wird, in den Abfluss (gut mit Leitungswasser nachspülen) oder den Hausmüll. Bei allem, was aus der Apotheke kommt, beim Kauf aber besser noch mal nachfragen, weil sich die Gesetze dauernd ändern, sodass kein Mensch mehr durchblickt.

Was ganz Grundsätzliches beim Experimentieren – bitte superernst nehmen:

Absolut nichts in die Augen reiben oder essen/trinken. Schmeißt die Trink- und Marmeladengläser nach den Versuchen am besten weg, sodass niemand daraus trinken kann. Wascht euch hinterher die Hände. Haltet eure kleinen Geschwister auf Abstand. Wenn ein Versuch irgendwo stehen bleiben muss, stellt ihn so hin, dass sie nicht drankommen. Hinweise zum Warn-Level beachten! Fertig.

Warn-Level

Draußen machen, weil sonst die Bude brennen könnte

Feuerfeste Unterlage (Spüle, Ceran-Kochfeld, Betonboden)

Ausweis für Apotheker zum Shoppen mitnehmen

Am besten im Sommer machen

Mit Spülhandschuhen durchführen

Absolut nur mit Erwachsenen machen

Kleine Geschwister dürfen nur zugucken

Sauerei-Level

wenig Sauerei

mittelviel Sauerei

stinkt, schmiert, saut, macht am meisten Spaß

Noch 'ne Ansage (für Eltern)

Liebe Eltern,

Ihr Kind will Experimente machen anstatt fernzusehen oder Fußball zu spielen. Das ist seltsam und kauzig, und es könnte vielleicht auch gefährlich sein. Oder?

Nein, ist es nicht, keine Sorge. Unsere Versuche sind harmlos und sollen Spaß machen. Nicht jede „Chemikalie" ist gefährlich (in Tütensuppen und Fertiggerichten sind jede Menge Chemikalien). Und die ganz schlimmen Versuche macht Ihr Kind eh nicht: Der Verlag hat mir nämlich die Anleitung zum Atombombenbau und zur Herstellung von LSD herausgestrichen (kein Scherz, war ursprünglich wirklich hier drin). Sie können also aufatmen. Die Experimente in diesem Buch machen neugierig, und nebenbei gibt's auch was zu lernen.

Noch etwas Gutes: Wer tüftelt, kann die „objektiven Dinge" ergründen, die zum Beispiel vor Gericht extrem wichtig sind. Das kennen Sie aus Fernsehkrimis. Und es stimmt auch in der Wirklichkeit: Erst muss man wiegen, zählen und das „Objektive" prüfen, dann kommt der ganze Rest, also Zeugenaussagen, Meinungen, Stimmungen und Gefühle. Mit diesem Verfahren fährt man nicht nur vor Gericht, sondern auch im echten Leben ganz gut. Zum „ganzen Rest" zählt natürlich auch das

Aufräumen und Putzen nach dem Experimentieren. Aber das haben Ihre Kids ja längst im normalen Alltag gelernt. Kann also nicht schiefgehen.

Viel Spaß beim Schieben, Schütten und Schütteln oder beim Zuschauen und Wundern und Staunen!

Dr. Mark Benecke

PS: Die Sherlock-Holmes-Zitate an den Kapitelanfängen habe ich ausgesucht, weil sie sehr wahr sind und gut zu den Experimenten passen. Holmes ist ja auch ein leidenschaftlicher Experimentator – und ich habe denselben Job wie er.

Vergrößern

It is, of course, a trifle,
but there is nothing so important as trifles.

Es ist natürlich eine Kleinigkeit,
aber nichts ist wichtiger als Kleinigkeiten.

(Sherlock Holmes, „The Man With The Twisted Lip")

Groß, größer, am größten

MATERIAL
- Lupe
- ein Blatt schickes, weiches Klopapier (von zu Hause, unbenutzt)
- ein Blatt graues Umwelt-Klopapier (aus der Schule)
- Briefmarken
- Zeitungsfotos
- echte Fotos
- Bilder auf dem Computerbildschirm
- Geldschein (notfalls leihen ☺)

Auch wenn es bescheuert klingt: Das spannendste, wichtigste und auch coolste Experiment ist das Vergrößern. Ich vergrößere gerne, dauernd und alles und habe wirklich *immer* eine Lupe dabei. Es hat Jahre gedauert, bis ich die richtige Lupe gefunden habe,

aber das interessiert hier wahrscheinlich niemanden. Falls doch: Unter „Lupen rocken" nachsehen.

Viele Kollegen würden euch was anderes erzählen; ein bekannter Rechtsmediziner berichtet beispielsweise immer gerne und stundenlang über seine Lieblings-Knochensäge. Ich bin aber Naturwissenschaftler, kein Arzt, also vergrößere ich lieber als zu sägen. Jeder, wie er will ...

Die richtige Lupe

Ihr braucht eine gescheite Lupe. Forstet mal die heimischen Schubladen durch. Meist liegt irgendwo so ein Ding, besonders, wenn ältere Leute in der Nähe sind, die sie manchmal zum Lesen verwenden. (Lesebrillen zählen nicht, die verzerren zu stark.) Wenn ihr nichts findet, kauft euch eine im Internet oder in der Schreibwarenabteilung, kostet fast nichts. Große Lupen sind eher zum Angeben, haben aber oft eine schlechtere Qualität. Kleinere Lupen sind oft feiner, mit etwas Glück sogar mit Glaslinse und Metallfassung. Es gilt: „Size matters", die Größe zählt! Allerdings ist wie gesagt *kleiner* besser als größer.

Wir beginnen ganz klassisch und schauen in eine Zeitung. Ja, genau: Zeitung – das Teil, das Oma, Opa oder eure Eltern rumfliegen haben, die Nachrichten vom Tag davor darin noch mal lesen und dann hinterher ins Altpapier werfen. Niemand versteht, wozu Zeitungen mal da waren, weil es jetzt gute Internetverbindungen und Monitore gibt. Aber das ist erst seit ungefähr 2010 so. Vorher waren Zeitungen durchaus nützlich. Ist ja auch egal; so ein Ding besorgt ihr euch jedenfalls.

Nun wird's spannend. Je nachdem, welche Druckerei die Farbfotos gedruckt hat, sehen die Bilder unter der Lupe völlig unterschiedlich aus:

Im einen Fall seht ihr lauter bunte Punkte, die überhaupt keinen Sinn ergeben, im anderen Fall relativ einheitliche Farbflächen, bei wieder anderen Bildern so eine Art Diamantmuster.

Im Klopapier seht ihr auf einmal jede Menge Farben, besonders, wenn es eigentlich grau erscheint und richtig billig ist. Das sind die Super-Mini-Fetzchen des recycelten Papiers, also alte Bürounterlagen, Schicki-micki-Hochglanzzeitschriften und dergleichen, die nun ihre letzte Ruhe und

ihren letzten Einsatz in der Nasszelle finden. Selbst eine winzige Ecke jedes bedruckten Papiers genügt uns zum Arbeiten. Jeder Teil trägt noch die Zusammensetzung aller Farben in sich. Zählt mal nach! Egal, welche Stelle ihr vergrößert – es sind immer gleich viele rote Fasern im Vergleich zu grünen Fasern im Papier drin. Ist ja auch logisch, denn das Papier wird aus einem gut durchmischten Brei hergestellt, in dem sich alle gebrauchten Papiersorten gleich verteilen.

Jetzt schaut euch alles andere an, was ein Bild ist: Briefmarken, Fotos, Plakate, Werbezettel, Flyer und hastenichtgesehen. Eine ganz neue Welt tut sich auf: die Welt der Druckpünktchen und Papiersorten. Yeah!

Watt soll der Quatsch?

Das ist ja alles gut und schön, aber was nützt das, denkt ihr jetzt wahrscheinlich. Verdammt viel! Egal, wie klein ein Papierfetzen ist: Wir können daraus in Kriminalfällen etwas lernen. Kriminalistisch kann man Vergrößerungen von Papier vom Tatort einsetzen, um herauszufinden, wann und wo es gedruckt wurde. Beispielsweise änderte sich die Art des Rasterns im Laufe der Jahre, besonders durch Farb-Laserdrucker. Noch vor wenigen Jahren funktionierte das Drucken von Farbfotos total anders. Anders als im Fernsehkrimi gibt es keine blau leuchtende Maschine, die solche Untersuchungen erledigt. Man muss selbst ran.

Beispiel: Wir untersuchten mal eine Leiche, die schon länger in einer Biotonne lag. Ganz, ganz unten, unter all dem Matsch, einigen Zweigen und Schmeißfliegenüberresten, fanden wir ein Stück Papier. Der Praktikant – er wollte schon lange mal an eincm echten Fall mitarbeiten – durfte es herausfischen.

Im Labor ließen wir es ganz vorsichtig in Wasser (nebst einem Tropfen Spüli) aufschwimmen. Und voilà: Die Seiten trennten sich voneinander. Es war ein Kleiderprospekt. Uns interessierte nun, welches Druckverfahren verwendet worden war, um zu sehen, wie alt der Prospekt war. So ließ sich vielleicht auch etwas über das Alter der Leiche sagen.

Wir hatten Glück: Neben dem Druckverfahren, das wir nur unter der Lupe erkennen konnten, steckte noch mehr Information im Prospekt: Es war ein Datum darauf gedruckt, und auch der Klamottenstil war recht typisch für eine bestimmte Saison. Drei Fliegen mit einer Klappe! Es kann sich also lohnen, sich Dinge ganz genau anzugucken.

Außerdem kann man sich – neben der Verwendung bei Kriminalfällen – mit einer Lupe auch sehr gut fiese Minisplitter aus dem Finger ziehen. Man sieht sie mit bloßem Auge kaum, sie nerven aber trotzdem tödlich, weil sie dauernd ein bisschen wehtun, aber der Arzt würde sich schlapp lachen, wenn man damit ankäme.

Zuletzt und nur damit es nicht in Vergessenheit gerät: Mit einer Lupe könnt ihr auch Feuer machen. Wichtig beispielsweise auf einsamen Inseln, wo es weder Strom noch Feuerzeuge gibt!

Die Stecknadel-Lupe

Beschreibung

MATERIAL
• Nähnadel
• Alufolie
• Taschenlampe
• billige Tages-
  zeitung

Dieses Experiment ist das einfachste und zugleich kniffligste im ganzen Buch. Ein heißer AgentInnentrick, dessen Nutzen euch im entscheidenden Moment garantiert einfällt und die Mission rettet!

Rezept

Nehmt euch ein Stück Alufolie, pikst mit der Nadel einmal zu. Es entsteht ein ganz normales, nicht geweitetes Löchlein. Nehmt euch nun eine möglichst billig gedruckte Zeitung und sucht euch ein kleines Detail auf einem Foto heraus, beispielsweise einen klein gedruckten Kopf einer Person oder einen Buchstaben. Kreist das, was ihr ansehen wollt, vorher mit einem Stift ein, damit ihr es leichter findet.

Wenn ihr nun das Loch in der Folie ganz dicht an euer Auge haltet und sehr nah – auf ungefähr vier Zentimeter – an die Zeitung geht, seht ihr den Buchstaben oder den Kopf oder sogar die Rasterung des Druckes (S. 18/19) auf einmal vergrößert. Und zwar ordentlich – die Vergrößerung kann über fünffach sein! Die Zeitung müsst ihr von der Seite her mit einer Taschenlampe beleuchten, weil durch das kleine Loch nur sehr wenig Licht fällt.

Am crazysten ist das Ganze, wenn ihr viel zu nah an einen winzigen Gegenstand geht, den ihr deswegen nur noch unscharf sehen könnt. Durch die Lochblende seht ihr den Gegenstand auf einmal wieder scharf, obwohl ihr wie gesagt eigentlich viel zu nah dran seid.

LEITSATZ

Klein, aber fein!

Was geht hier ab?

Eine Lupe mit Glas- oder Plastiklinse vergrößert einen kleinen Gegenstand. Dabei werden die Lichtstrahlen, die vom untersuchten Gegenstand kommen, durch das gebogene Glas aufgefächert. Sie decken dadurch einen größeren Bereich auf der Netzhaut eures Auges ab, als das ohne Lupe der Fall wäre. Auch ein kleines Loch in einer Metallfolie bewirkt, dass ein – allerdings sehr kleiner – Bildbereich durch Brechung der Strahlen am Loch aufgefächert wird. Dabei landet das Bild genauso wie bei einer Glaslupe vergrößert in eurem Auge.

Der Unterschied ist aber so ähnlich wie ein kleines Fernsehbild (Loch in Folie) im Vergleich zu einem megafetten HD-Plasma-Display (Lupe).

Mehr Details seht ihr natürlich auch, wenn ihr ohne irgendwas näher an einen Gegenstand, an Zeitungsbuchstaben, ein Plakat oder ein Haus herangeht. Je näher man an etwas steht, umso mehr Details erkennt man. Das ist immer so. (Wenn man viel zu nah herantritt, sieht man wie gesagt gar nix mehr, weil man sich dann die Birne anschlägt. Außerdem verschwimmt irgendwann alles.)

TIPP

Wenn ihr wollt, könnt ihr die Loch-Lupe auch als echte Brille zurechtbasteln (eine Seite mit Loch, eine ganz blind oder – für Profis – je eine Folie mit Loch auf je ein Glas einer Karnevalsbrille mit ungeschliffenen Gläsern kleben). Achtung, nicht die teure echte Brille bekleben, das gibt Ärger. Ihr könnt natürlich auch mit einer stabilen Nadel ein Minilöchelchen in ein etwas festeres Metallplättchen drücken, das nicht wie die Alufolie früher oder später zerknüllt.

Wenn man wie ich einen Magnetfinger hat, geht die Nadel nicht verloren.

Um Dinge so zu sehen, wie sie sind, gibt's zwei Methoden: Zu einem guten Psychologen gehen, wenn es um Seelisches geht, oder sich eine gute Lupe kaufen, wenn's um Dinge geht, die sich anfassen lassen. Seelen kann man nicht anfassen. Die untersuchen wir daher auch nicht.

Es war und ist bis heute eins der größten Abenteuer der Forschung, vernünftige Vergrößerungsgeräte zu entwickeln. Ganz im Ernst: Eine neue Vergrößerungsstufe ist so schick wie der erste vernünftig voll animierte Film (*Final Fantasy*, 2001), der erste gute superlange Fantasyfilm (*Herr der Ringe*, 2001–2003), die erste Konsole mit Bewegungssensor (Wii, 2006) oder der erste Kraken-Dive-Coaster mit freiem Fall (2011).

Schon im 13. Jahrhundert gab es erste gute „Lesesteine" aus Bergkristall, aber erst 400 Jahre später verstand man, *warum* sie etwas vergrößern. Das kam durch die Entdeckung der Brechungsgesetze, die bis heute jeder in der Schule lernt. Es dauerte nochmal 400 Jahre, bis die sehr kleinen und flachen Linsen für Handykameras entwickelt wurden, die flüssig sind und durch elektrische Felder gekrümmt werden. An diesen riesigen Abständen von Hunderten von Jahren zur Produktverbesserung könnt ihr abschätzen, wie viel Arbeit und Schweiß in ein nur scheinbar sehr simples Gerät, die Vergrößerungslinse, fließt.

Insekten

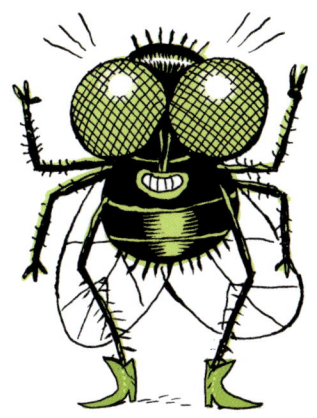

Insekten vergrößern wir in Kriminalfällen sehr oft. Wir wollen dabei rauskriegen, was für ein Tier an der Leiche oder im Koffer gelebt hat, den wir als Beweisstück finden. Ist es ein Insekt, das im Wasser lebt, die Leiche lag aber im Trockenen? Dann könnte die Person nach ihrem Tod von einer anderen Stelle dorthin gebracht worden sein. Ist eine Made größer, dann ist sie älter – die Leiche liegt also schon länger. Da die Maden aber je nach Art verschieden schnell wachsen, müssen wir erst mal durch Vergrößern herausfinden, welche Art es ist.

Auch ohne Mord und Totschlag macht das einen Riesenspaß. Sammelt einfach mal einen toten Marienkäfer oder eine Fliege von der Fensterbank und schaut ihnen mit der Lupe in die Augen, auf die Flügel oder – für ganz Mutige – auf die Beine. Ihr werdet staunen. Die Tiere haben beispielsweise die abgefahrensten Haare auf den Beinen, die coolsten Augen der Welt und natürlich jede Menge versteckter Farben, die teils wie sehr teurer Metallic-Autolack wirken. Nur eins werdet ihr garantiert nie sehen: Rasterungen. Logisch, die Tiere sind ja auch nicht bedruckt. Fragt sich nur, wie sie ihre teils sehr chefmäßigen Muster dann hinkriegen. Tja! Das machen sie über genetische Programmsteuerung.

LEITSATZ

Wer eine Lupe hat, ist vielleicht kauzig, aber immer bestens unterhalten. Man sieht so manches, was normale Menschen eben nicht sehen. Zu vergrößern gibt's immer was. Langweilig kann es nie werden – wenn man nur eine Lupe dabeihat.

Benecke Forensic Biology

DNA · Forensic Entomology · Blood Spatter
International Forensic Research & Consulting
Postfach 250411, 50520 Köln, Germany
forensic@benecke.com · www.benecke.com
Phone/SMS +49-173-287-3136
FAX +49-221-660-2644

Messen

never guess. It is a shocking habit.

Ich stelle niemals Vermutungen an,
weil das eine sehr schlechte Angewohnheit ist.

(SHERLOCK HOLMES, „THE SIGN OF THE FOUR")

Einleitung

Wiegen, Messen, Zählen ... Klingt gähnend langweilig. Für jeden Wissenschaftler ist so was aber absolut grundlegendes Handwerkszeug – auch für mich. In der Kriminalistik bewege ich mich zwischen der Welt der einzelnen Spuren und einer weiteren Welt: der des Messens, Wägens und Verallgemeinerns. Denn nur, wenn man weiß, ob Spermaflecken *immer* in bestimmtem Licht leuchten oder Leichenfliegen *grundsätzlich* zur Sonne fliegen oder ob das nur im Einzelfall passiert, kann man vor Gericht gültige Aussagen treffen. Denn ein Mal ist aus der Sicht der Naturwissenschaften kein Mal. Aber jeder Kriminalfall findet eben doch nur ein Mal statt ...

Wir behelfen uns als Brücke zwischen dem Allgemeinen und dem Speziellen, indem wir Experimente machen, die uns die Eigenschaften der untersuchten Dinge erklären. Wie verhält sich Blut, wenn es aus einem halben Meter Höhe tropft, im Vergleich zu zwei Metern Höhe? Was passiert, wenn ein U-Boot durch Schleim statt durch Wasser schwimmt? Das hört sich bekloppt an, aber am Tatort benehmen sich halt alle bekloppt. Da ist es gut, wenn man bei einem echten Fall schon vorher ein bisschen rumgebastelt, also experimentiert hat und nicht erst jedes Mal von vorne anfangen muss. Es ist besser, wenn man seine Werkstoffe kennt. So wie ein Schreiner sich besser für Hobel, Hölzer und Schrauben und deren Besonderheiten interessieren sollte. Nur dass unsere Materialien eben Backpulver, Blut, Salpeter oder Zitronensäure heißen. Let's go ...

Wie viel ist wie viel?

Rezept

MATERIAL
- Bärlapp-
  sporen
  (Lycopodium,
  gibt's in der
  Apotheke
  oder im
  Internet)

Füllt eine Badewanne etwa einen Fingerbreit mit warmem Leitungswasser. Werft einen Teelöffel Bärlappsporen darauf. Die Sporen breiten sich über die ganze Oberfläche aus.

Was geht hier ab?

Teilchen möchten sich gerne entweder mit gleichen Teilchen zusammenlagern (S. 71/72), oder sie möchten sich möglichst gleichmäßig verteilen und auflösen. Das kennt ihr von Zucker, der sich in Wasser oder Tee auflöst.

Es steckt aber mehr dahinter. Erhitzt man einen festen Stoff beispielsweise so, dass er zu Gas wird, braucht er auf einmal viel mehr Platz, obwohl die Anzahl der Teilchen darin nicht zunimmt. So funktionieren Bomben.

Schmeißt man einen Zuckerwürfel ins Meer, dann verteilt er sich im Grunde komplett darin (wenn der Zucker nicht vorher von Lebewesen gefressen wird). Die Bestandteile eines Zuckerwürfels können locker ein ganzes Meer ausfüllen. Das bedeutet, dass in sehr kleinen Mengen – einem Teelöffel Bärlappsporen, einem Zuckerwürfel – unglaublich viele winzig kleine Teilchen enthalten sein müssen. Sonst könnten sie kein Meer füllen.

Nur zwei Beispiele dazu:
- Ein Tropfen Wasser enthält ungefähr so viele Teilchen (Moleküle), wie im Mittelmeer Wassertropfen schwimmen.
- Mit einem Atemzug atmen wir über fünftausend Trillionen Luftteilchen ein.

Krass viel, oder?

TIPP

Ein schönes Experiment dazu sind auch die Stinkbomben auf Seite 140, die mit ihrem Geruch die ganze Wohnung füllen können, obwohl dieser vorher in einem kleinen Glas eingesperrt war.

LEITSATZ

Manche klammern, andere breiten sich aus.

Spaghetti durch zwei teilen

Man kann eine einzelne trockene Spaghetti, wenn man sie fest an beiden Enden hält und biegt, nicht in zwei Teile brechen. Das hört sich völlig bescheuert an. Grund genug, es sofort auszuprobieren.

Das Erste, was ich dazu in einem sehr ausführlichen Vortrag von Roberto und Rita, den Inhabern meines Lieblings-Ristorantes „Italia", erfuhr, ist dieses: Was wir Deutschen als Spaghetti bezeichnen, ist in vielen Fällen etwas ganz anderes, nämlich Bavette, Linguine oder weitere Hartweizen-Spezialitäten. In einem Satz: Nicht alles, was lang und rund ist, ist eine Spaghetti.

Dass es so viele lange und mehr oder weniger runde Nudeln gibt, ist praktisch. Sie kosten fast nix *und* ihr könnt sie nach dem Experiment dann auch noch aufessen – perfekter geht es nicht.

Nehmt zehn trockene, runde Spaghetti (fachmännisch: „Nummer 5"). Zerbrecht eine davon, wie in der Abbildung oben zu sehen, zählt die Stücke, schreibt auf, wie viele es sind, und räumt den Tisch dann wieder frei.

Nehmt die nächste Nudel und macht dasselbe.

Ihr werdet sehen, dass nicht immer gleich viele Nudelstücke entstehen, aber bei mir sind es jedenfalls seit Jahren immer mehr als zwei. Tipp: Macht das Ganze über einem größeren Topf oder einem tiefen Backblech, dann flitschen die Nudelteile nicht in der ganzen Bude rum.

Falls euch jemand fragt, was ihr da eigentlich macht, sagt einfach, es handelt sich um eine „systematische Variation". Das sollte weitere Fragen unterbinden, und ihr könnt in Ruhe weiter systematisch variieren. Nämlich mit einer anderen Nudeldicke – beispielsweise zehn Nudeln der Stärke 13 („Bavette") oder was ihr halt noch am Start habt. Mit Tortellini geht es natürlich nicht, denn die sind rund und dick, nicht lang und dünn.

Einige meiner Brech- beziehungsweise Bruchergebnisse seht ihr hier. Es gibt einen häufigsten Wert, das ist derjenige, der uns am meisten interessiert. Ausreißer gibt es immer, die sind nicht so wichtig. Man muss das Ganze öfters wiederholen, denn bei nur einem Versuch kann es zu leicht passieren, dass man zufällig gerade einen Ausreißer erzeugt hat. Besser also alles wiederholen, bis man sicher ist, was der häufigste Wert ist – also die häufigste Anzahl an Nudelbruchstücken. Bei meinen Versuchsspaghetti waren es meistens fünf Stücke.

Besonders gestaunt habe ich darüber, dass auch lange, „flache" Nudeln in mehrere Teile zerbrechen. Daher also jetzt sofort die Auflösung dieses unerwarteten Vorganges, mit dem ihr natürlich auch Wetten gewinnen könnt („Wetten, dass ich es schaffe, eine Nudel nur durch

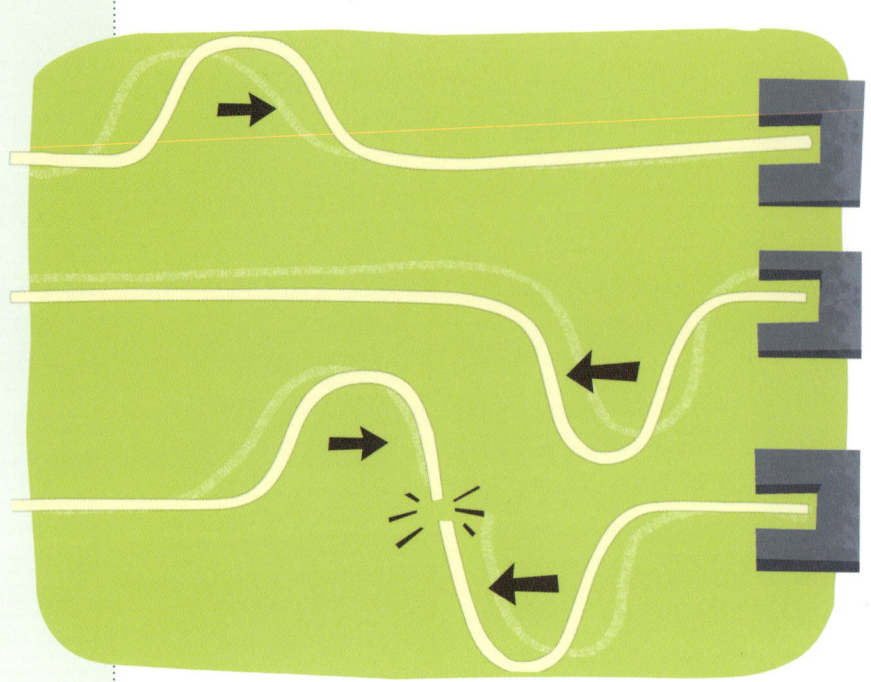

Biegen in mehr als drei Teile zu zerbrechen?" oder, fast noch lustiger: „Wetten, dass du es nicht schaffst, eine Nudel durch Biegen in zwei Teile zu zerbrechen?").

Was geht hier ab?

Wenn die gebogene Nudel zerbricht, dann zerbricht sie erst mal in *zwei* Teile, ganz klar. Das kann man auf einem Video mit einer sehr guten Kamera, die Hunderte von Bildern pro Sekunde macht, auch sehen. Allerdings passiert dann etwas Verrücktes: Die nun frei gewordenen losen Nudelenden schwingen sehr schnell hin und her, wie eine Stimmgabel oder ein Grashalm im Wind. Durch die Nudel läuft eine „stehende Welle" hin und her, oder eigentlich sind es mehrere Wellen. Treffen diese beim Hin- und Herflitzen in der Nudel ungünstig aufeinander, dann schaukelt sich das Ganze so auf, dass am Treffpunkt eine weitere Bruchstelle entsteht. Das geht so schnell, dass wir es nicht sehen können.

Wenn ihr euch tiefer in die Nudelsache einarbeitet, könnt ihr Hochhausingenieure werden. Ein Hochhaus ist nämlich dasselbe wie eine frisch in zwei Teile zerbrochene Spaghetti. Wenn es ein Erdbeben gibt und das Hochhaus schwingt, dann ist es besser, wenn man vorher allerhand Dämpfer eingebaut hat, damit sich keine stehenden Wellen oder andere Schwingungen aufbauen. Ansonsten hat man sehr schnell mehrere Hochhausstücke, und das will ja keiner. Das ist auch der Grund, warum Orgelpfeifen so stabil gebaut sind. Auch sie würden sich sonst durch die wackelnde Luft in ihrem Inneren kaputt schütteln. Die vom Publikum gewünschten

Auch nur eine Spaghetti im Wind ...

Töne sind ja nichts anderes als stehende Luftwellen.

Ähnliche Wellen sind auch beim Brückenbau megagefürchtet. Die Tacoma-Narrows-Brücke stürzte beispielsweise im Jahr 1940 wegen vergleichbarer Schwingungen ein, und im Jahr 2000 hätte es – auch wieder wegen Wackelschwingungen – beinahe die nagelneue, superschicke und leider auch allzu schlanke Millennium Bridge in London erwischt. Sie musste gleich nach der Eröffnung

wieder gesperrt werden, weil sie so stark schwang, dass man Angst hatte, sie würde in die Themse stürzen. Erst nachdem

58 Schwingungstilger – also ein Stoßdämpfersystem – eingebaut worden waren, fluppte es, und man konnte (und durfte) wieder gefahrlos darüberlaufen.

Im Film *Harry Potter und der Halbblutprinz* (2009) wird genau diese Millennium-Brücke übrigens dann doch zerstört. Dazu wurde die echte Brücke in London zwei Tage lang gefilmt, wobei sie natürlich heil blieb. Im Rechner wurde das schöne Bauwerk dann mithilfe computererzeugter Effekte zerlegt. Paff!

Brücken sind überhaupt sehr spannend, auch wenn sie nicht zerschüttelt werden. Es gibt megaschicke Aquädukte, auf denen schon vor Jahrtausenden sauberes Wasser floss, und in großen Städten wie Köln ist fast jede Brücke ganz anders gebaut – die eine hängt, die andere besteht aus Stahlkästen. Es gibt Brücken aus Holz, Stein, es gibt überdachte und welche in schwindelnder Höhe oder schwankende Schrottteile aus Seilen und Holz. Finde ich so spannend, dass ich Bücher über Brücken aus aller Welt sammle, ein superdickes habe ich sogar extra aus China angeschleppt. Wenn ihr mittüfteln wollt: Wieso sind Eisenbahnbrücken eigentlich fast nie Hängebrücken, sondern bestehen meist aus megaschweren Stahlbögen?

Gibt es das wirklich: „systematische Variation"? Oder dient dieser Begriff nur dazu, lästige Frager loszuwerden?

Antwort:

Gibt es. Es bedeutet, dass man etwas „geplant wiederholt" und dabei die „Bedingungen verändert". Dadurch erkennt man, warum ein Experiment so ausgeht, wie es ausgeht.

Beispiel: Ihr quatscht in der Schule mit eurem Nachbarn. Der Lehrer schimpft. Ihr macht es noch mal. Der Lehrer schimpft wieder. Es beginnt eine neue Stunde und ein anderes Fach. Ihr quatscht wieder, aber keiner schimpft. So macht ihr das den ganzen Schultag lang. Das ist eine systematische Variation. Ihr variiert die Umgebungsbedingungen, aber das Experiment (Quatschen) bleibt, abgesehen von den sich ändernden Lehrern und Lehrerinnen, gleich. Ergebnis des Versuches: Nicht das Quatschen an sich bewirkt Stress, sondern die Lehrer sind der entscheidende Einfluss, also die entscheidende *Variable*. Je nachdem, wie gut gelaunt sie sind oder welchen Charakter sie haben, verhalten sie sich verschieden.

Genauso ist es mit den Spaghetti. Sie verhalten sich relativ ähnlich, solange es dieselben Spaghetti sind. Ändert sich die Dicke oder Länge, dann ändert sich auch das Versuchsergebnis. Der Hartweizen bleibt immer gleich und ist also nicht entscheidend, sondern die Form und Länge der Nudel ist die hier interessante, sich ändernde und entscheidende Variable.
Wenn man das erst mal weiß, kann man sich weiter vorarbeiten, das heißt noch mehr Experimente ausdenken. Deswegen ist auch kein Forschungsgebiet jemals zu Ende ausgeforscht. Jede Antwort zieht mindestens zehn neue Fragen nach sich. Jippi!

Wie viel Gel passt in die Haare?

Das hier ist ein Experiment, für das ihr eigentlich keine Anleitung braucht, weil es sich selbst erklärt. Dafür ist die Auswertung kniffeliger, als sie aussieht.

MATERIAL
- einige Dosen oder Tuben Haargel (das billigste reicht)
- Freunde/Freundinnen mit verschieden langen Haaren
- Küchenwaage
- grobzinkiger Kamm (kostet fast nix, einfach im Drogeriemarkt das billigste Modell kaufen)
- Lineal, Geodreieck oder Metermaß

Rezept

Wiegt alles an Haargel, das ihr am Start habt, auf einer Küchenwaage. Am besten alle Tuben oder Dosen in einen großen Topf oder eine Schüssel stellen und dann in einem Rutsch alles wiegen. Gesamtgewicht (von allem zusammen, inklusive Schüsseln, Töpfen und Tuben) notieren.

Die erste Person schmiert sich nun die Haare voller Gel. Kämmt das überschüssige Glibberbibb mit dem Kamm wieder aus und gebt es zurück in den Pott. Denkt daran, immer nur denselben Kamm verwenden damit die Versuchsbedingungen gleich bleiben. Nach dem Kämmen das Gewicht des verbrauchten Gels notieren („wie viel Gramm Gel ist jetzt weniger auf der Waage und stattdessen in den Haaren?").

Den Kamm könnt ihr jetzt auswaschen oder auch nicht. Jedenfalls ist nun der Nächste dran. Haare vollschmieren, auskämmen, Reste zurück in den Topf, alles wiegen. So geht das immer weiter, bis alle fertig sind. Wenn ihr nun einfach die Gewichte voneinander abzieht, wisst ihr, wie viel Gel jeder in den Haaren hat.

Watt soll der Quatsch?

Eigentlich ein sehr einfaches Experiment. Als echte Experimentatoren wollt ihr jetzt aber auch *Vorhersagen* für die Zukunft treffen. Dazu dienen Experimente ja schließlich. Ein Medikament testet man ja auch nicht bloß aus Spaß, sondern weil man wissen will, was es in Zukunft heilen kann. In diesem Fall bietet es sich daher an, dass ihr mit einem Lineal messt, wie lang die Haare sind. Und schon fangen die Probleme an: Muss man sie bei lockigen Haaren erst lang ziehen? Probiert mal beides – einmal lang gezogen und einmal lockig gelassen. Versucht nun, rauszukriegen,

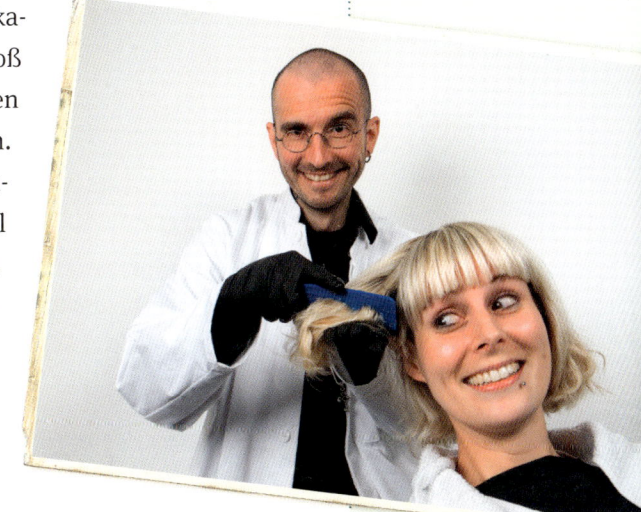

ob ihr einen Zusammenhang seht zwischen Haarlänge und Gelmenge oder zwischen Art der Haare (lockig im Vergleich zu glatt) und Gelmenge. Wenn ihr das schafft, seid ihr sehr gute Experimentatoren und habt den entscheidenden Schritt gepackt. Viel Spaß beim Tüfteln! Die Auflösung verrate ich hier nicht, denn erstens schafft ihr das alleine (macht auch viel mehr Spaß), und zweitens verrät mir am Tatort ja auch nie einer die Auflösung.

LEITSATZ

Manchmal sagen Gelreste mehr aus als die stylische Frisurenfront.

Buchstabensuppe

Schlicht ist schön. Eigentlich sind sogar *nur* schlichte Dinge schön. Mit ein paar Nudeln kann man nebenbei das gesamte Denken und Verfahren der Naturwissenschaften erklären – von A bis Z sozusagen, hahaha.

Rezept

Besorgt euch zwei Tüten Buchstabennudeln von verschiedenen Herstellern. (Es gibt nur zwei große Hersteller, und fast immer sind auch die Suppen von beiden im Supermarktangebot.) Öko-Buchstabennudeln gehen natürlich auch. Achtung, nicht in der Abteilung bei den Spaghetti, Tortellini oder Linguine aus dem Bruch-Experiment (S. 28) suchen, sondern in den Fertigsuppenregalen.

Kippt die Tüten aus, sodass jeweils ein Nudelhaufen entsteht. Teilt dann mit der Hand oder einem Lineal oder Messer je einen kleinen Haufen von jedem Nudelberg ab und schiebt ihn zur Seite. So ungefähr ein Fünftel der Buchstaben genügt. Das sind eure *Stichproben*.

Sortiert die Buchstaben irgendwie so, dass ihr die Menge an verschiedenen Buchstaben zählen könnt. Eine der Methoden (gleiche Buchstaben untereinander legen) seht ihr rechts.

Watt soll der Quatsch?

Zunächst einmal gibt es meist jede Menge Überraschungen, beispielsweise:

· fehlen die Q (Grund: Sehen bei kleinen Nudeln zunächst wie O aus, sind aber doch vorhanden)

· gibt es rätselhafte Häufungen von U (Grund: unbekannt, vielleicht einfach herzustellen?)

· gibt es bei kleinen Stichproben teilweise gar keine I, weil man die einfach schlechter sieht und schlechter greifen kann. Sie sind aber da!

Alle der möglichen Gründe für komische Beobachtungen lassen sich testen. Raten und denken braucht man nicht und soll man nicht (schon wieder die Regel von Sherlock Holmes von S. 25!).

Ob beispielsweise nicht doch gleich viele Nudeln aller Buchstaben vorhanden sind, lässt sich testen, indem man *alle* Buchstaben in der Tüte zählt und das Experiment einige Zeit später wiederholt. So schließt man aus, dass in der Nudelfabrik grade irgendetwas unrund lief oder man wegen schlechter Augen oder Faulheit nur die auffälligen Nudeln aus dem Haufen gefischt hat.

Ein weiterer Grund, auf den ich niemals anders als durch Messen gekommen wäre, ist, dass die Hersteller jeweils verschieden große Nudeln in den Packungen haben. Beim einen zerbrechen daher viele E, während sie bei den kleinen Nudeln ganz bleiben und daher häufiger sind.

Hier unsere Daten, damit ihr vergleichen könnt, ob wir nur zufällige Nudelhäufigkeiten hatten oder ob die Hersteller wirklich verschiedene Buchstabenmengen verwenden:

Buchstaben	Marke A (größere Buchstaben)	Marke B (kleinere Buchstaben)
A	29	15
B	32*	22
C	23	28
D	27	23
E	28	17
F	13	29*
G	34*	28
H	18	22
I	13	15
J	18	14
K	13	27
L	18	23
M	18	22

N	26	17
O	28	19
P	25	15
Q	29	21
R	25	23
S	37*	41*
T	15	16
U	25	35*
V	28	18
W	18	keine
X	18	12
Y	10	7
Z	22	22

(*: häufigste Buchstaben in der Suppe)

Wenn ihr Spaß daran habt, könnt ihr das Ganze auch in Prozent umrechnen. Dann wird das Vergleichen der Buchstabensuppenarten der verschiedenen Hersteller viel einfacher. Bei den großen Nudeln waren bei uns B, G, S am häufigsten, bei den kleinen Nüdelchen hingegen U, S und F. Solche Häufigkeiten können in anderen Fällen sehr wichtig sein, wie ihr im Kapitel „Codes knacken" sehen werdet (S. 152).

Vor einigen Jahren haben Alexander Dierich, Jan Frösler und Franz Schmidt für ihre „Institution zur Erforschung total interessanter Tatsachen" auch schon Nudeln gezählt. Damals waren aber erstens noch Zahlen in den Nudeln – das ist heute nicht mehr so, warum auch immer. Zweitens testeten sie vor allem, ob sich damit gut Sätze bilden lassen. Sie wendeten also ein anderes Prüfverfahren an, das etwas anderes und et-

was anders testet. Es kommt eben bei jedem Experiment nicht nur auf das Material an, sondern auch auf die Frage. Abhängig davon läuft sogar die Auswertung derselben Dinge ganz anders ab.

Das Buchstabennudel-Zählverfahren besteht aus zwei Teilen: „Gründe suchen und prüfen" sowie „Vorhergesagtes wiederholen und schauen, ob die Vorhersage auch stimmt". Neben dem eigentlichen Zählen und Messen sind diese beiden Tests die wichtigsten Grundlagen jeder Forschung. Ob es sich um Nudeln oder Tachyonen handelt, ist dabei egal. Wer am Zählen und Sortieren und Prüfen Spaß hat, kann später auch ein guter Forensiker werden, weil er nichts *glaubt* oder von Zeugen erfragt, sondern alles selbst *prüft*.

In den Kriminalbiologie-Kursen zählen wir beispielsweise:
· die Anzahl von Adern auf einem Insektenflügel und wie viele Knicke und Unterbrechungen in den Adern sind (verrät einem die Fliegenart)
· die Anzahl von Schlitzen in den Atemöffnungen der Maden (verrät einem das Entwicklungsstadium)
· die Anzahl der Borsten auf dem Rücken.

Natürlich gibt es auch Dinge, die man durch Zählen nicht prüfen kann, beispielsweise, ob es Gott gibt oder ob es lustiger ist, bayrisch, sächsisch, berlinerisch oder kölsch zu sprechen. Darüber machen Naturwissenschaftler keine Aussagen (sondern sagen höchstens ihre private „Meinung" – die zählt vor Gericht oder in einem Forschungsbericht aber nicht). Buchstabennudeln sind da viel besser geeignet: Sie lassen sich anfassen, zählen und ohne eigene Meinung testen.

Nudelzählen ist, abgesehen vom rechnerischen Auswerten, auch ein Riesen-Partyspaß:

– Wer fischt zuerst zehn E aus seinem Haufen?
– Wer hat zuerst einen Berg komplett sortiert, ohne Q und O zu verwechseln?

– Wer kann als Erster den Satz „Polyfon zwitschernd aßen (okay, „ß" gibt's bei Buchstabennudeln nicht, daher gehen hier auch zwei s) Maexchens Voegel Rueben, Joghurt und Quark" bilden? In diesem Satz kommen alle Buchstaben vor.

Auch Gedichte lassen sich legen! Wer schafft das schönste? Die Möglichkeiten sind grenzenlos, eure Phantasie kann sich so was von entfalten …

Und das Beste: Hinterher kann jeder die Buchstaben und Sätze in eine Suppe schmeißen, die er oder sie am liebsten mag. Yeah!

Übrigens fanden wir im Labor – und das ist vielleicht das Wichtigste – das Nudelsortieren superberuhigend und geradezu besinnlich. Ist ungefähr so wie für fernöstliche Mönche das Harken von Kies oder das Schreiben von Buchstaben mit Wasser.

Geröstete Fliegen

Ihr habt schon gesehen, dass sich Teilchen gerne verteilen (S. 27). Das gilt auch für die Wirkstoffe, mit denen bei homöopathischen Arzneien gearbeitet wird. Bei den am häufigsten verkauften Verdünnungen kann gar kein Wirkstoff mehr vorhanden sein, weil er herausverdünnt ist. In der sehr häufigen Verdünnung D30 (guckt mal auf der Packung, da steht die Verdünnung) ist nur ein Tropfen des Wirkstoffes, verdünnt in 50-mal dem Volumen der Erde, enthalten. Das ist etwas wenig. Merkt man das denn überhaupt noch? Genau darum geht es im folgenden Versuch.

MATERIAL
- eine tote Fliege von der Fensterbank
- zwei Kochtöpfe
- Zucker

Rezept

Nehmt eine tote Fliege von der Fensterbank. Damit sie richtig schön trocknet, legt sie bei 100 Grad eine halbe Stunde in den Ofen. Achtung, wenn es ein Umluftofen ist: Das Tier in eine tiefe Schale legen, sonst fängt es wieder an zu fliegen ☺.
Legt die nun trockene Fliege auf ein Blatt Papier oder einen trockenen Bierdeckel und zerkrümelt sie, indem ihr ein zweites Blatt Papier darauflegt und das Tier mit der runden Seite eines Löffels kräftig zerdrückt und zerreibt.
Füllt einen Topf (Größe egal) mit Wasser und kippt das Fliegenpulver hinein. Gebt zehn Teelöffel Zucker dazu und rührt das Ganze fest mit einem Kochlöffel oder Schneebesen durch. Während sich das Wasser noch dreht, nehmt ihr einen Teelöffel dieser Flüssigkeit heraus und gebt ihn in den leeren zweiten Topf.

Füllt diesen zweiten Topf dann mit Wasser und rührt wieder um. Leert dann den ersten Topf und gebt einen Teelöffel des

Wassers aus dem zweiten Topf dort hinein. Wieder auffüllen. Dieses Verfahren führt ihr jetzt noch weitere acht Mal durch. Eigentlich müsstet ihr es noch viel öfter machen, um sehr hohe Verdünnungen zu erreichen, aber das wird schnell langweilig. Die benutzten Töpfe müsst ihr jedes Mal leeren, kurz mit klarem Leitungswasser durchspülen und neues, frisches Wasser hineinfüllen.

Und nun: Mahlzeit! Nehmt einen Esslöffel aus der letzten Topffüllung. Weder werden euch die Fliegenkrümel schocken, noch schmeckt ihr Zucker. Es ist nämlich nix Wahrnehmbares mehr drin.

Watt soll der Quatsch?

Wenn ihr das Ganze noch viele, viele Male wiederholt, kommt ihr irgendwann bei den Verdünnungsverhältnissen homöopathischer Arzneien an. Vom Wirkstoff ist an diesem Punkt nichts mehr übrig.

Es gibt verschiedene Erklärungen dafür, warum die herausverdünnten Wirkstoffe noch wirken sollen und wie genau man sie verdünnen soll (schütteln). Manche Homöopathen sind der Ansicht, dass das Wasser ein Gedächtnis hat, für andere liegt es an der Art des Schüttelns beim Verdünnen oder daran, wie der Homöopath die Beschwerden der Patienten erkennt.

Allerdings beweist sowohl ein Blindtest (Arzt und Patient wissen nicht, ob sie das Homöopathikum oder einfach nur Zucker verwenden; nur der Versuchsleiter weiß es und verrät es erst hinterher) als auch die brachiale „Ich schlucke davon jetzt mal eine ganze Flasche/Packung"-Methode (hab ich schon probiert), dass bei einer Überdosis gar nichts und bei einer Behandlung nicht mehr als auch bei Zuckerkugeln ohne Wirkstoff passiert. Trotzdem schwören viele Leute auf die Heilkräfte der Homöopathie. Man muss halt daran glauben – denn Glauben versetzt Berge. Mit oder ohne hoch verdünntes Fliegenpulver.

LEITSATZ

Nicht alles glauben – besser selber ausprobieren!

Schleimschwimmen

Dieses Experiment leitet eigentlich schon zum nächsten Kapitel über, dem Matschen und Pappen. Doch eins nach dem anderen.

Rezept

Besorgt euch aus der Speisekammer oder dem Supermarkt Guarkernmehl. Es wird zum Andicken von Suppen und Brei verwendet und kostet nicht viel. Wenn Speisekammer und Supermarkt streiken, dann auf ins Reformhaus, die Apotheke oder ins Internet. Achtung, in der Apotheke wird Guarkernmehl oft in Kapseln verkauft; das geht nicht, sonst sitzt ihr noch in drei Jahren da und piddelt die Kapseln auf. Kauft es als Pulver in Dosen.

Schicke Bötchen gibt's im Spielzeugladen oder natürlich auch wieder im Internet. Das Boot sollte nicht allzu schrottig – vor allem nicht superbillig – sein. Zu toll darf es aber auch nicht sein, denn dann ist es riesengroß. Da ihr aber vermutlich nur die Badewanne oder ein Planschbecken zur Verfügung habt, ist kleiner hier feiner. Selbst wenn ihr einen Teich in der Nähe habt: Macht den Quatsch besser doch in der Badewanne oder einem aufblasbaren Planschbecken. Es dürfte sonst Ärger geben, wenn ihr den Teich vollschleimt. Optimal ist ein solides Bötchen, das kleiner als eine ausgestreckte Hand ist und nicht allzu schnell fährt, am besten ein U-Boot.

Lasst jetzt die Badewanne oder das Miniplanschbecken mit heißem Wasser volllaufen. Setzt dann euer Boot ins Wasser. Ich mache es am liebsten mit dem schon erwähnten U-Boot – jedes andere kleine Boot geht aber auch.

Als Nächstes messt ihr, wie lange das Bötchen für eine Strecke oder besser noch zehn Strecken hin und her braucht. Am besten wären 100 oder 1000 Runden, weil dann Messfehler nicht mehr ins Gewicht fallen. Wenn ihr also Zeit habt ...

Während des Fahrens müsst ihr die Zeit messen – das Ganze geht also am besten zu zweit. Schreibt alles – Streckenlänge und Zeit – auf, also beispielsweise: „Zehn Runden volle Kraft voraus → 7 Minuten 35 Sekunden".
Ihr könnt das Boot auch einfach an der Wand der Wanne langfahren lassen und auf diese Weise Kreise ziehen. Das ist zwar an der Fernbedienung einfacher zu steuern, aber trotzdem nicht so gut, weil dabei die Reibung mit der Wand das Boot bremst. Das ist ein unnötiger Störeinfluss für euer Experiment. Wenn ihr alles gemessen und aufgeschrieben habt, dann lasst alles so stehen und liegen, wie es ist. Auch das Wasser bleibt in der Wanne.

Kippt nun sehr langsam zwei kleine Packungen Guarkernmehl (ca. 500 Gramm) in einen großen Topf. Füllt den Topf mit Wasser und kocht das Ganze kurz auf. Dabei gut rühren, Klümpchen nerven hinterher beim Experiment, weil sie am Boot kleben oder das Boot darin hängen bleibt.
Wenn ihr das Mehl direkt in die Wanne kippt, gibt es fiese Bröckchen, und ihr müsst ewig rühren. Macht das also nicht.

TIPP

Falls ihr das Ganze megafett aufziehen wollt, könnt ihr euch auch ein Olympiaschwimmbecken mieten. Hat ein Kollege wirklich gemacht (S. 51). Ist aber für den Anfang übertrieben.

Es ist viel einfacher, vorher die Soße auf dem Herd herzustellen. Dauert nur wenige Minuten. Nehmt auch kein normales Weizenmehl oder Stärke oder dergleichen, sonst rührt ihr Leim an (S. 104). Guarkernmehl ist King, sonst nichts.

Kippt nun die fertige Soße in die Wanne und rührt um, bis das Wasser ein bisschen dicker, aber auf keinen Fall total fest oder richtig schleimig wird. Das, was euch beim Schnupfen als klare Flüssigkeit aus der Nase läuft, ist ungefähr der richtige Schleim-Grad. Wenn es noch nicht dick genug ist, gießt nach und nach mehr neu gekochte Soße dazu, bis es passt. Falls es immer noch nicht dick genug ist, kocht noch einen dritten Pott Guarkernmehlsoße und kippt ihn dazu.

Als Einrührhilfe könnt ihr statt eurer Arme einen (sauberen) Besen, einen Besenstiel, eine Kehrschaufel oder etwas Ähnliches nehmen. Achtung, ihr wollt wie gesagt keinen Pudding, sondern eher etwas dünn Sirupartiges. Nicht übertreiben mit der Menge an Verdickungsmittel.

Lasst nun das Boot erneut im Guarkernmehlsirup starten. Messt über haargenau dieselbe Strecke wie vorher, wie lange es jetzt braucht. Mit sehr großer Wahrscheinlichkeit passiert nun – gar nichts. Die Zeit, die das Boot benötigt, unterscheidet sich nicht von der Zeit für die Wasserfahrt ohne Schleim in reinem Wasser.

Hä? Müsste der Schleim das Boot nicht bremsen? Wirklich komisch und irgendwie widersinnig. Wir machen es daher wie Sherlock Holmes: nicht denken.

Für Eilige: Lösung auf Seite 52

Watt soll der Quatsch?

Erstens spiegelt sich im Schleimdurchqueren eine der wichtigsten Regeln der Kriminalistik, die der Sherlock begründete: Erst mal messen, was Sache ist. Ganz ehrlich – wer würde schon denken, dass man in Sirup genauso schnell vorankommt wie in klarem Wasser?

Zweitens ist das Gematsche und Bötchenfahren natürlich ein Heidenspaß, bei Eltern unbeliebt und dürfte den Experimentator auf jeder Party, auf der er vom Schleimtauchen erzählt, zum Sonderling machen. Das macht aber nichts, denn der Versuch ist eine Steilvorlage für das „systematische Variieren", hier also: das Ausprobieren verschiedener Pampenfestigkeiten und deren Auswirkung auf die Fortbewegungsgeschwindigkeit. Das ist klassische Forscher-arbeit: die Bedingungen abwandeln und sehen, ob etwas passiert. Oder eben – wie hier – nicht. Cool daran: Auch wenn *nicht* das passiert, was man erwartet, ist das ein wichtiges und berichtenswertes Ergebnis.

Dieses Herumprobieren ist beispielsweise auch in der Genetik superwichtig geworden. Es stellte sich nämlich vor ein paar Jahren heraus, dass man wichtige Stellen der Erbsubstanz (auch DNA genannt, sie bestimmt sämtliche Eigenschaften eines Lebewesens) von Mäusen einfach ausschalten kann, ohne dass etwas Merkliches mit den Tieren passiert. Was sich in den Mäusen doch verändert hat, merkt man erst, wenn man sehr viele Bedingungen ändert

und endlos herumexperimentiert. Nur erwarten sollte man besser nie etwas. Sondern weiterfragen und fummeln.

In der Physik ist das Thema „Schleim" auch wichtig, weil Flüssigkeiten in sehr dünnen Schichten oder Röhrchen völlig anders fließen, als wenn man sie beispielsweise aus einem Trinkglas gießt. Mit diesen sehr speziellen Untergebieten beschäftigen sich ganze Forschungszweige. Wer da rein will, ist mit dem U-Boot-Experiment in der Wanne schon bestens für die spätere Karriere (Pluspunkt im Lebenslauf!) gerüstet.

Ig-Nobelpreis für Schleimexperimente

LEITSATZ

Denken hilft nicht.

Sollten eure Eltern Einwände gegen den Schleimversuch haben – hier ist eure Trumpfkarte: Das Ganze beruht auf einem sehr aufwendigen Experiment des Physikprofessors Ed Cussler. Er ist Spezialist für dünne Flüssigkeitsschichten. Da dieses Forschungsgebiet nicht alltagstauglich ist (seine Schichten im Labor sind 100 Mal dünner als ein menschliches Haar), suchte er nach etwas Anschaulicherem.

Die entscheidende Idee kam ihm, als eine beleibte Studentin aus Uruguay ihn beim Wettschwimmen besiegte. Das wunderte Professor Cussler, denn er hatte bis dahin geglaubt, dass dicke Menschen im Wasser *schlechter* vorankommen, weil das Wasser sie wegen der Körperfülle bremst. Doch Pustekuchen. Auch Dicke können, zumindest bei Laien-Wettkämpfen, gewinnen, weil im Wasser eben andere Regeln gelten. Dumm nur, dass sie noch niemand genau erforscht hatte.

Das Versuchsschwimmbecken, das Kollege Cussler komplett mit Schleim füllte.

Cussler kaufte sich also 300 Kilo Guarkernmehl, stellte 22 Anträge an die Univerwaltung, baute eine Schleimmischanlage und leitete den Schmodder dann in ein nach den Regeln des Olympischen Komitees gebautes Schwimmbecken. Auch hier kam es wieder zu einer Überraschung: Egal, ob Profis oder

Amateure den Schleim durchkreuzten, alle schwammen stets in Wasser genauso schnell wie in der angedickten Pampe.

Wie ist das möglich?

Es liegt daran, dass ein Schleimschwimmer zwar durch das leicht eingedickte Material gebremst wird, sich aber zugleich darin besser nach hinten abstoßen kann. In klarem Wasser schwimmt man zwar schneller nach vorn, kann sich dafür aber weniger stark nach hinten abdrücken. Es ist also wurscht, ob man Wasser oder Schleim schwimmend durchpflügt – man bleibt immer gleich schnell.

Das geht natürlich nur, wenn das Ganze nicht allzu dickflüssig angerührt ist. Ab einer tausendfachen Verdickung – also beispielsweise mit Tonnen Puddingpulver – würde jeder ins Stocken kommen. Doch auch hier heißt es: nichts glauben, alles testen. Mutige Leser und Leserinnen sind also aufgefordert, die Schleimbedingungen so lange zu verändern, bis etwas noch Spannenderes herauskommt.

Die Belohnung könnte dann ein Ig-Nobelpreis sein. Ed Cussler und sein Exstudent Brian Gettelfinger, der das Projekt betreute, erhielten ihn im Jahr 2005 und nahmen ihn an der Harvard-Universität persönlich und stolz entgegen.

„Ignoble" ist ein englisches Wort, das eigentlich „unwürdig" heißt. Der echte Nobelpreis hat aber auch ein „Nobel" (nach Alfred Nobel, dem Erfinder des Preises) in sich, und so ist das Wortspiel entstanden: Jedes Jahr erhalten zumeist echte Forscher an der extrem coolen Universität Harvard in den USA den Preis für Forschungsergebnisse, die sich lustig anhören, obwohl sie ernst gemeint waren. Unwürdig ist das nicht, denn jeder freut sich, diesen schicken Preis zu erhalten, und meist reisen die Wissenschaftler und Wissenschaftlerinnen sogar auf eigene Kosten an, um bei dem akademischen Quatsch mitzumachen. Geld gibt es natürlich

keins, aber dafür Ehre. Einer der Forscher – Andre Geim von der Uni Nijmegen – hat sogar erst einen Ig-Nobelpreis erhalten (diamagnetisches Schweben von Fröschen, 2000, S. 118) und erst zehn Jahre später einen echten Nobelpreis für die Herstellung von Graphen, dem dünnsten und stabilsten Material der Welt.

Preisverleihung in Harvard

Das Motto der ignoblen Veranstaltung wechselt jedes Jahr, aber die Über-Überschrift lautet stets: „Erst lachen, dann denken". Das gefällt mir gut, denn damit kommt man nicht nur in der Forschung, sondern auch im restlichen Leben gut durch … und wenn es sich auch nur um schleimige Schwimmbecken handelt.

Maden, Matschen, Pappen

There is nothing so unnatural as the common-place.

Es gibt nichts Ungewöhnlicheres als das Normale.

(Sherlock Holmes, „A Case Of Identity")

Einleitung

ÜBRIGENS

Manchmal nennen die Angler Maden auch „Pinkies". Ist dasselbe. Die Pinky-Maden werden nur mit einem Farbstoff gefüttert, von dem die Angler glauben, dass das die Attraktivität der Maden erhöht. Nun ja.

In diesem Kapitel wird es erst richtig lustig – wer Sauerei liebt, ist hier richtig!

Los geht's mit Tieren, die ich wirklich superspannend finde: Maden. Wundervolle Tiere, die sich für die tollsten Beobachtungen und auch für künstlerische Momente anbieten. Ihr werdet sehen!

Im Fall mit der Biotonne (S. 19) war uns am Tatort nicht nur aufgefallen, dass das Papier in der Tonne interessant sein könnte, sondern uns fehlten auch die sonst in solchen Tonnen üblichen Maden, die sich darin vom Biomüll nähren. Die Maden waren nach dem Verzehr der Leiche offenbar einfach die Biotonnenwände hochgekrochen und durch Schlitze abgehauen. Das können sie normalerweise nicht. Denn wenn Maden versuchen, an einer glatten Wand hochzuklettern, fallen sie einfach wieder herunter. Manchmal aber eben nicht. Das ist seltsam, und das könnt ihr ausprobieren.

Hurra! Auf in den Angel- oder Tierladen! Mit ein wenig Glück haben die netten Leute dort Maden vorrätig. Wenn nicht, einfach bestellen. Spätestens eine Woche später sind die Maden dann da. Achtung: Lasst euch nicht belabern, es *müssen* Maden sein – keine Mehlwürmer, keine Wasserflöhe, keine Regenwürmer, sondern Fliegenmaden. Sonst funktioniert das Ganze nicht.

Wenn ihr in einen Reptilienladen oder Ähnliches shoppen geht, werden die Maden dort als Futtertiere verkauft. Spielt alles keine Rolle, Hauptsache Maden und nix anderes.

Spaß mit Maden I:
Maden erklimmen Wände

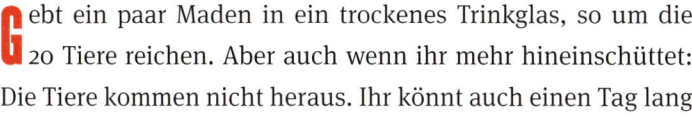

MATERIAL
• Angelmaden
• ein Trinkglas

Gebt ein paar Maden in ein trockenes Trinkglas, so um die 20 Tiere reichen. Aber auch wenn ihr mehr hineinschüttet: Die Tiere kommen nicht heraus. Ihr könnt auch einen Tag lang spazieren gehen (oder die ganze Zeit die Maden angucken, sind coole Tiere) – unsere emsigen Tierchen würden zwar gerne raus aus dem Glas, sie schaffen es aber nicht.

Gebt nun drei oder vier Tropfen Wasser dazu. Leitungswasser reicht und ihr erlebt ein blaues Wunder! Innerhalb von Sekunden fangen die Tiere auf einmal an, die zuvor unerklimmbare Wand zu erobern, und sind schneller aus dem Glas raus, als ihr „Madeninvasion" sagen könnt.

Was geht hier ab?

Maden sind wie Schlangen und andere Tiere, die man zu Unrecht der Schleimigkeit verdächtigt, in Wahrheit knochentrocken. Außer, sie kriechen in Pfützen, schleimige Substanzen oder Ähnliches. Dann sind sie natürlich nass. Die Haut der Tiere erzeugt aber keinen Schleim oder sonst etwas, das klebrig sein könnte.

Daher kann eine Schlange sich nicht wie eine Schnecke mithilfe klebriger Ausscheidungen fast überall anpappen. Sie muss, wenn sie durch den Sand laufen will oder einen Baum erklimmt, immer Muskel- und Schlängelkraft einsetzen. Eine glatte Wand kann aber keine Schlange erklettern.

Passfoto eines Madenkopfes

Eine Made besitzt weder Schneckenschleim noch Schlangen-Schlängel-Power. Sie vertraut darauf, dass sie im Falle eines Falles einfach da sitzt, wo sie sich eh im Matsch suhlt: in sich breiig zersetzendem Gewebe, von dem sie frisst.

Die Flüssigkeit aus diesem zerfallenden, halb flüssigen Gewebe haftet an der Madenoberfläche. Das ist nicht selbstverständlich, denn die meisten Tiere, die sich vom Abfall ernähren, sind extrem sauber und tun alles dafür, dass er eben nicht an ihnen kleben bleibt. Sie wollen den Unrat zwar fressen, aber nicht an sich herumtragen.

Maden haben nun eine Zwischenlösung erfunden. Ihre Oberfläche besteht aus sehr kleinen, zackenartigen Schüppchen (kleiner Tipp: mal mit der Lupe angucken, ist cool), die zweierlei können. Erstens klappen die Schüppchen sich immer dann automatisch aus, wenn die Made sich nach vorne schieben will. Das ist praktisch, denn Maden haben nicht wie wir Füße, die das Abstoßen und Voranschreiten für sie erledigen könnten. Zweitens sammeln sich zwischen diesen Zäckchen aber auch Flüssigkeiten wie Tinte, Regenwasser oder Biotonnenmatsch. Weil die Made nun ganz nah an der glatten Wand beispielsweise des Wasserglases entlangläuft, haftet ihre Oberfläche durch die Flüssigkeit auf einmal an der Wand, an der sie sonst nicht kleben würde. Das erklärt auch, warum die Maden aus der Biotonne (S. 19) mit der Leiche rauskrabbeln konnten – die Wände der Tonne waren durch die Leichenflüssigkeit feucht geworden.

Das Ganze funktioniert immer nur so lange, bis die Made die Flüssigkeit an den Glaswänden abgestreift hat. Wie lang das höchstens dauern kann, könnt ihr im folgenden Experiment „Mit Maden malen" ausprobieren. Irgendwann endet die Farbspur, und spätestens dann würde die Made, wenn es sich um eine glatte Wand handeln würde, wieder herunterfallen.

⋯⊱ Die Frage am Rande

Wenn Maden sich zersetzendes Material fressen, dann befindet sich das doch am ehesten am Boden. Wo sonst sollte alles Tote hinfallen? Warum aber können feuchte Maden dann Wände emporkriechen? Es muss ja über Jahrmillionen ein Überlebensvorteil gewesen sein, sonst hätte diese komische Eigenart die Evolution nicht überstanden.

Antwort:

Maden retten sich damit vor Regenfluten. Die kleinen Tiere können so, wenn es wirklich herbe regnet, eine Zeit lang an Bäumen und Gegenständen hochkriechen und überdauern die Flut dort (wie Tsunami-Fliehende) auf einer Anhöhe, die nicht überspült wird. Ihren Rettungspunkt müssen die Maden natürlich auch wieder verlassen, aber das Regenwasser zieht ja irgendwann wieder ab. Zurückkriechen brauchen die Tiere nicht – sie lassen sich einfach fallen oder fallen von selbst, sobald ihre Kriechspur keine Flüssigkeit mehr enthält. Superpraktische Sache.

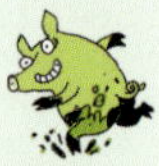

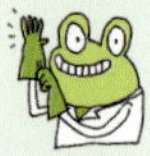

Spaß mit Maden II: Mit Maden malen

MATERIAL

- Angelmaden
- drei Eierbecher
- Tintenpatronen: blau, grün, violett oder was gerade im Schreibwarenladen erhältlich ist
- ein paar Blatt Schreib-, Mal- oder Druckerpapier
- Spülhandschuhe

Genauer gesagt: Maden malen lassen und sich zurücklehnen! Schneidet die Tintenpatronen auf und füllt in jeden Eierbecher eine Farbe. Ihr könnt mit einer Tintenpatrone pro Eierbecher anfangen. Achtung, legt Papier unter, Tinte färbt echt alles!

In jeden Eierbecher legt ihr zwei oder drei Maden. Zehn Sekunden genügen; die Tiere müssen nur mit Farbe bedeckt sein. Es schadet aber auch nichts, wenn daraus eine Minute oder mehr wird. Maden sind es gewohnt, in unwirtlichen Umgebungen zu leben, die Tinte macht ihnen nichts aus.

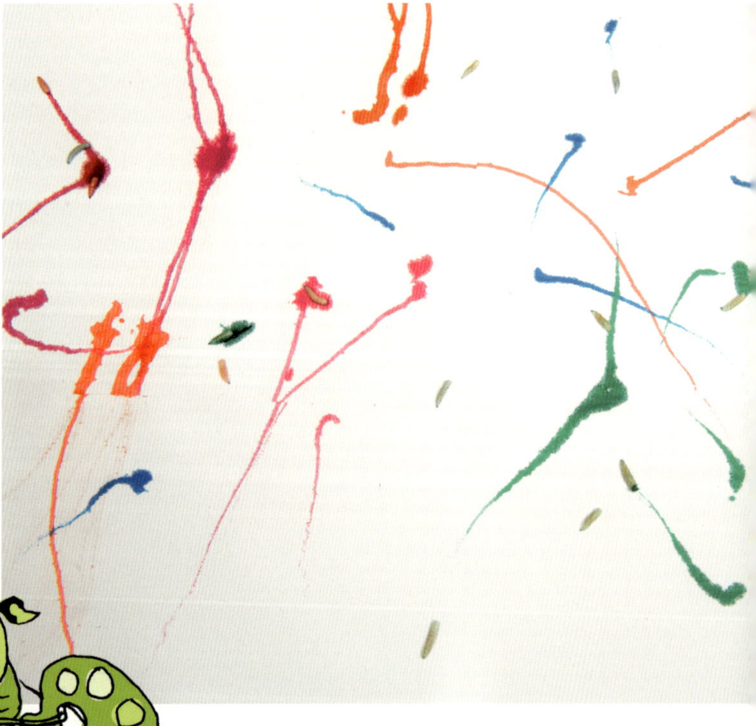

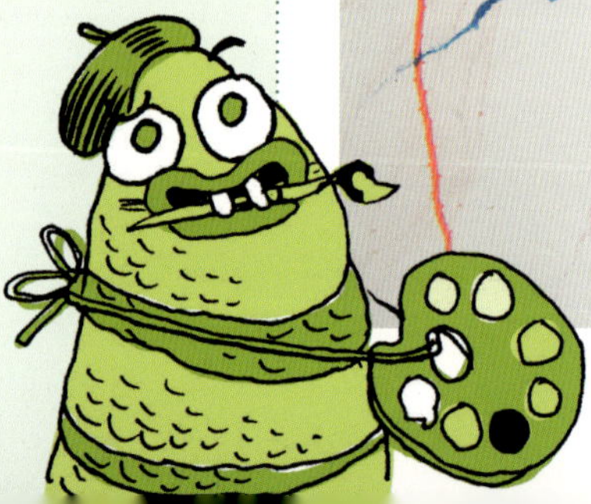

Nehmt nun je eine Made aus dem Eierbecher
mit Farbe und legt sie auf ein Blatt Papier.
Die Tiere laufen über das Papier und streifen
dabei die Farbe ab. Bald sieht es aus wie auf einer Landkarte
oder in einem Museum für moderne Kunst. Es ist ein Riesenspaß! Meine Studenten streiten sich hinterher immer um die
Kunstwerke, sodass wir schon ganze Kursnachmittage damit
verbracht haben, die Maden laufen zu lassen, damit jeder seine
eigene Madenkunst mit nach Hause nehmen konnte.
Wenn ihr die Maden nicht mehr braucht, lasst sie einfach im
Garten oder einem Gebüsch frei. Entweder picken Vögel sie
auf, oder die Maden ziehen friedlich ihrer Wege. Sie sind nicht
giftig (auch die gefärbten nicht) oder eklig, sondern vollkommen friedliche Zeitgenossen – kein Problem also.

Spaß mit Maden III:
Maden schlüpfen lassen

MATERIAL
- Angelmaden
- ein Bierdeckel
oder ein Küchen-
handtuch und
ein Gummiring

*Fliegenpuppen
sehen aus wie
TicTacs*

Das ist eigentlich das schönste krabbelige Experiment. Nehmt einige Angelmaden und legt sie in ein trockenes Trinkglas oder eine leere, geöffnete trockene Konservendose oder ein leeres Marmeladenglas. Wenn ihr nett zu den Tieren sein wollt, legt noch ein Blatt sauberes, zusammengeknülltes, trockenes Klopapier dazu. Maden verstecken sich gern, und am liebsten tun sie das tief in zusammengeknülltem Zeugs.

Die Öffnung des Glases oder der Dose könnt ihr mit einem Bierdeckel abdecken. Wenn das nicht geht, nehmt ein Küchenhandtuch und einen Gummiring. Die Tiere kommen nicht raus, ist also kein Problem.

Stellt das Gefäß irgendwohin, wo es schattig, aber nicht kalt ist. Gut eignet sich ein Küchenschrank. Wenn eure Eltern das uncool finden, nehmt euren Kleiderschrank oder Bettkasten. Ihr könnt das Glas überall hinstellen, wo die normale Temperatur herrscht, die ihr auch zu Hause mögt. Kühlschrank ist schlecht (zu kalt), ungeheizter Keller ist schlecht (meist zu kalt), Sonne ist ganz schlecht (heizt das Glas innen auf wie ein Treibhaus), Balkon ist schlecht (Sonne und Kälte). Buchregal ist gut, Fernsehtisch ist gut, unter Omas Sessel ist gut.

Wartet nun einfach ab. Je nach Temperatur verpuppen sich die Tiere schon nach ein oder zwei Tagen und sehen jetzt auf einmal aus wie rotbraune TicTacs. Je wärmer es ist, desto schneller geht's. Einige Tage nach der

Verpuppung schlüpfen wunderschöne Brummer heraus. Nur Geduld, wenn sich scheinbar nix tut – manchmal dauert es auch ein oder zwei Wochen. Einfach nix tun und warten. Sobald die geschlüpften Tiere sich putzen (supersüß – unbedingt angucken!) und flugbereit sind, könnt ihr sie freilassen. Achtung, sie sind sauschnell. Wenn ihr genug von den kühnen Flugkunststücken habt, macht einfach das Fenster auf. Sie fliegen spätestens dann raus, wenn's draußen heller ist als drinnen. Meist aber schon vorher. Wohnungen finden Schmeißfliegen nämlich langweilig.

Watt soll der Quatsch?

Die Verwandlung eines wurmförmigen Tieres ohne Beine, Antennen und Flügel in ein seit Jahrmillionen erprobtes Fluggerät ist so ziemlich das Chefmäßigste, was ich mir vorstellen kann. Kein Ingenieur kann so etwas bauen und programmieren, sowas kann nur Mutter Natur.

Stellt euch das mal vor – die Made verzieht sich in ihre eigene äußere Hauthülle, die hart wird. Darin löst sie sich auf (!) und wandelt sich durch genetische Steuerung in ein vollkommen anderes Lebewesen um. Könnt ihr nicht! Versucht's mal durch Meditation, Wünschen oder Krafttränke trinken – klappt nicht. Fliegen sind eben die deutlich besseren Verwandlungskünstler. Muss man anerkennen. Von den anderen Kunststücken ganz zu schweigen: Fliegen sehen mehr Bilder pro Sekunde als ihr, und sie können falsch herum unter der Decke landen. Kein Wunder, dass es die sehr gut angepassten Fliegen schon lange vor dem Menschen gab und auch noch sehr lange geben wird, nachdem der letzte Mensch die Erde verlassen hat. Ich mag sie, meine kleinen, fleißigen Lebenskünstler.

LEITSATZ

Unscheinbare Superhelden entfalten ihre Kräfte im Stillen – und bei Regen ...

MATERIAL
- ein großes, breites und hohes Glasgefäß
- Natriumsilikat- lösung (Apotheke)
- ein Paar dünne Einweghandschuhe (Apotheke, Auto- Verbandskasten)
- Gurkenglas oder ein anderes Ein- machglas
- Schutzbrille
- möglichst große Krümel folgender Metallsalze:
- Alaun (Kalium- aluminiumsulfat) – weiß
- Kupfersulfat – blau
- Eisen(II)-sulfat – grün
- Eisen(III) -chlorid – orange- braun

Chemischer Garten

Als echte Experimentatoren wollt ihr natürlich lieber alles in eurem Experimentierzimmer ausprobieren, anstatt in die wilde und unberechenbare Natur zu gehen. Wie gut, dass ihr euch im Labor sogar einen Garten züchten könnt, ohne schmutzige Blumenerde und anderes Gekrümel.

Rezept

Besorgt euch in der Apotheke einige der genannten Chemi- kalien. Sind nicht teuer. Nehmt zur Sicherheit die Erklä- rung für Apotheker (S. 159) beziehungsweise das ganze Buch mit. Im Grunde braucht ihr nur jeweils ein paar möglichst große Krümelchen, beispielsweise je zehn Stück. Vielleicht könnt ihr das mit dem Apotheker verhandeln, der so etwas oft in seinem eigenen Labor (das muss jede deutsche Apothe- ke haben) ohnehin herumliegen hat. Bestellt andernfalls die kleinstmögliche Menge. Im Internet gibt es auch Bezugsquel- len, falls der Apotheker sich querlegt. Oder fragt mal den Che- mielehrer in der Schule, ob er euch aushelfen kann. Achtet darauf, dass es möglichst große Krümel sind, also kein fein gemahlenes Pulver (mit Pulvern klappt es nicht; warum, erfahrt ihr weiter unten).

Macht euer Glas halb voll mit der Natriumsilikatlösung und füllt das Glas dann mit lauwarmem oder kaltem Leitungswasser auf. Falls jemand im Haus destilliertes oder deionisiertes Wasser zum Bügeln verwendet, könnt ihr statt Leitungswasser auch das Bügelwasser nehmen. Danach alles mit einem Löffel gut umrühren. Nicht schaumig schlagen, einfach nur langsam gut durchrühren.
Zieht jetzt die Einweghandschuhe an. Werft dann an verschiedenen Stellen in eure Mischung einige Kristalle. Nicht alles ein-

fach reinkippen, sondern einzelne Krümel hineinwerfen. Ganz wichtig: Mit den Händen nicht im Gesicht rumtatschen, wenn ihr die Chemikalien berührt habt. Am besten nehmt ihr eine Pinzette, und eine Schutzbrille schadet auch nicht.

Der Romanesco ist ein Fraktal.

Die meisten Krümel versinken, und es passiert erst mal gar nichts. Nach kurzer Zeit bekommen sie aber farbige Auswüchse, die anfangen, sich einen Weg nach oben zu bahnen, so wie Pflanzen, die aus einer Wiese emporwachsen.

Das Schicke daran: Es geht tausendmal schneller als im Garten. Und die chemischen Pflänzchen haben sehr ulkige Farben und Formen. Teils sieht es aus wie der Schweif einer zerstörten Rakete im Himmel, teils wie ein Fraktal. Kein Wunder – alle Formen der Natur lassen sich rechnerisch beschreiben: der Raketenschweif genauso wie der Baum, der Busch oder die chemische Pflanze. Sie setzen sich aus immer kleineren Untereinheiten derselben Einheit zusammen. Hier könnt ihr das live erleben.

Wenn ihr Lust habt, könnt ihr euch aufschreiben, wie sich die einzelnen Chemikalien verhalten. So könnt ihr den nächsten chemischen Garten noch besser planen – eben wie richtige Gärtner es auch tun.

Wenn der Garten einmal ausgewachsen ist, tut sich nicht mehr viel. Ihr könnt ihn dann noch ein oder zwei Wochen zu Hause stehen lassen und immer wieder bewundern. Danach schraubt

Chemikalie	Farbe	Formen bei Wachstum	Höhe/Zeit
Eisen(II)-sulfat	Grün		
Eisen(III)-chlorid	Orangebraun		
Alaun (Kaliumaluminiumsulfat)	Weiß		
Kupfersulfat	Blau		

ihr einfach den Deckel darauf und bittet euren Apotheker, das Ganze für euch zu entsorgen.

Was geht hier ab?

Erst mal ein Wort dazu, warum sich die Kristalle nicht einfach auflösen und das ganze Wasserglas durchfärben. Das könnten sie ja auch, so wie Zucker im Tee. Tun sie aber nicht. Der Grund: Die Chemikalien verbinden sich nur an ihrem äußeren Rand mit der Flüssigkeit und verändern sich innen nicht. Wenn man sie in die Lösung wirft, werden die Ränder der Kristalle zu sogenannten Metallsilikaten. Die sind aber in Wasser kaum löslich; die äußere Schicht schützt erst mal alles, was innen ist. Damit würde es eigentlich enden, und man hätte ein Krümelchen, dessen Äußeres eine harte Haut aus Metallsilikat geworden ist. Das wäre aber nicht sehr spannend.

Nun lässt die Silikathaut ein bisschen Wasser nach innen durch: Sie ist halb durchlässig. Darum läuft Wasser durch die farbige, nicht ganz dichte Schutzhülle in den gerade erst ummantelten farbigen Minikrümel.Ergebnis der Wasseraufnahme: Es wird verdammt eng und ungemütlich in der harten Hülle. Sie platzt darum nach einigen Sekunden auf. Aber nur an einer Stelle. Genau wie ein Fahrradschlauch, in den zu viel Luft gepumpt wird. Der platzt auch an irgendeiner, aber eben nur *einer* Stelle.

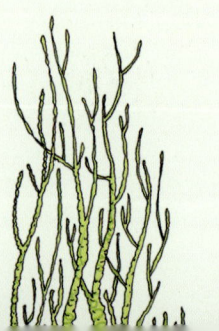

Der Unterschied zwischen Kristall und Fahrradschlauch ist, dass an der geplatzten Stelle unserer nun wachsenden chemischen Pflanze ein Kreislauf einsetzt, der bei einem Platten nicht passiert:

Metallsalz strömt aus dem Loch in der Hülle → das ausströmende Metallsalz reagiert sofort mit dem Natriumsilikat, und es bildet sich eine neue, harte Haut → kurze Pause → Wasser strömt durch die neu gebildete Haut nach innen, diese platzt an einer Stelle erneut auf → Metallsalz strömt aus dem neuen Loch → es geht wieder von vorne los.

···‡ Die Frage am Rande

Warum wächst ein Grashalm eigentlich nach oben? Und warum wachsen auch unsere chemischen Pflänzchen nach oben?

Antwort:

Im Wasserglas ist die Menge von Metallsalz an der Spitze der kleinen „Pflanzen"-Gebilde am geringsten. Der Hauptkrümel liegt ja unten am Boden. Darum ist die Haut unten dick (sie hatte am meisten Zeit zu wachsen und ist deswegen dicker und fester) und weiter oben am dünnsten, weil sie dort gerade erst entstanden ist. Oben, wo sie dünn ist, platzt sie schneller. Es gibt aber immer mal wieder Unregelmäßigkeiten. Das könnt ihr daran erkennen, dass sich im chemischen Garten öfters auch Zweiglein bilden, die seitlich sprießen. Daher die Pflanzenähnlichkeit.

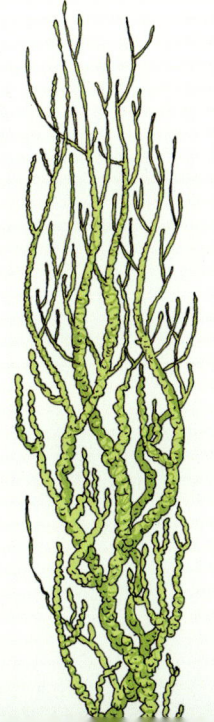

Blitzschnelles Kristallwachstum

Rezept

Besorgt euch in der Apotheke 100 Gramm Glaubersalz. Das ist ein Abführmittel, also nicht essen!

Füllt ein Trinkglas (100 Milliliter = 100 Gramm) zur Hälfte mit erhitztem Bügelwasser. Es soll nur halbwegs heiß sein, nicht kochend heiß. In dieses heiße Wasser kommt das gesamte Glaubersalz. Rührt so lange, bis es sich komplett aufgelöst hat. Achtung, bewahrt drei oder vier Kristalle (= Krümelchen) auf, die kommen später zum Einsatz.

Gießt das Ganze jetzt durch einen frischen Kaffeefilter in ein ganz sauberes Teeglas. Teegläser sind diese dünnen Gläser, die kochfest sind. Bitte vorher fragen! Nicht mit anderen Trinkgläsern ausprobieren: die springen, wenn man heißes Wasser in sie gießt.

Stellt das Glas auf eine Herdplatte, packt eine Untertasse obendrauf und lasst das Ganze drei Minuten lang vorsichtig kochen. Nicht übertreiben, einfach köcheln lassen. Mittlere Hitze reicht meist dicke.

Nach drei Minuten nehmt ihr das Glas vom Herd (dazu Backhandschuh anziehen oder Küchenhandtuch mehrmals drumwickeln, logo, ist ja heiß). Achtung, keine Erschütterungen – gaaaanz langsam und vorsichtig. Stellt es auf einen Untersetzer, damit der Tisch nicht schmilzt oder verkokelt.

Lasst das Ganze nun in Ruhe abkühlen. Sobald die Lösung ungefähr Raumtemperatur hat, schmeißt ihr einen kleinen Glaubersalzkristall hinein, und zack, verwandelt sich der gesamte Inhalt des Glases mit einem Rutsch in eine Art Eisblock.

MATERIAL
- Glaubersalz (Natriumsulfat)
- Teeglas
- Bügelwasser (deionisiertes Wasser)
- Kaffeefilter

TIPP

Der Versuch ist manchmal etwas zickig. Lasst euch nicht ärgern, und macht ihn notfalls einfach noch mal. Es lohnt sich.

Watt soll der Quatsch?

In warmem Wasser kann sich mehr Glaubersalz auflösen als in kaltem. Es war durch die Hitze vom Herd so viel Glaubersalz im Wasser gelöst, dass es jetzt, wo die Soße etwas abgekühlt ist, für eine sogenannte *Auskristallisierung* reichte. Die Flüssigkeit ist komplett „übersättigt" und wartet nur darauf, einen Kristall zu bilden. Allerdings bedarf es dazu eines Steins des Anstoßes, eines sogenannten „Kristallisationskeims". Ist wie im menschlichen Leben: Einer muss anfangen, sonst passiert nie was. Das ist hier der kleine Krümel, den ihr am Ende in die Lösung geworfen habt. Um diesen Keim herum lagert sich alles, was genauso wie der Kristall aufgebaut ist, in Blitzesschnelle an. Es entsteht ein Riesenkristall. Manchmal reicht auch schon ein Staubkorn; daher das Filtern. Dass ein Staubkorn genauso wirkt wie ein Kristall (oder sogar einfach ein Stoß), ist auf den

ersten Blick komisch. Es ist eben so viel Salz im Wasser gelöst, dass dem Glaubersalz *jeder* Grund genügt, in den gemütlichen, geordneten Zustand eines organisierten Riesenkristalls überzugehen.

Interessant ist der Kristallversuch auch deshalb, weil in Spül-wasser (S. 94), das ja auch warm und voller gelöstem Zeugs ist, nichts kristallisiert. Der Grund dafür ist unter anderem, dass es im Spülwasser viel zu viele Schmutzsorten gibt und sich daher keine übersättigte Lösung aus nur einer Salzart bilden kann.

Würde man sehr lange warten, könnte sich – je nach Spül-schmutz – vielleicht auch in Spülwasser ein Kristall bilden. Al-lerdings sind die Bakterien schneller. Anders als im sauberen Teeglas und richtig heißem Wasser würden die kleinen Recy-clinghelfer das Spülwasser einfach in eine stinkende Wanne verwandeln, in der gar nichts mehr geht und alle Salze einfach aufgefressen werden. Stoff, aus dem Horrorfilme sind!

⇢ Glaubersalz und heißes Wasser

Dass sich in heißem Wasser so viel Glaubersalz löst, dass es für eine megaschnelle Kristallbildung reicht, ist erstaunlich. Ein Kollege hat es mal ausprobiert und nachgemessen, wie viel mehr Glaubersalz sich in lauwarmem Wasser im Vergleich zu warmem Wasser löst. Der Unterschied ist enorm: In 100 Gramm Wasser lösen sich bei 15 Grad Celsius 36 Gramm Glaubersalz, bei 25 Grad schon 100 Gramm Salz und bei 34 Grad bereits 412 Gramm. So erklärt sich, warum das abkühlende Wasser im Metallkristall-Experiment das viele Salz so schnell wie möglich loswerden will: Es ist wirklich mit Salz übersättigt.

Staubtrockenes Wasser und feurige Blüten

MATERIAL
• 50 Gramm Bärlappsporen (Lycopodium) aus der Apotheke
• Schreibpapier
• Teelicht
• Vase, Topf o.ä.

Schreibt auf ein Blatt Papier irgendeinen Text, beispielsweise euren Namen. Oder malt was. Gerne auch mit Füller, weil Füllertinte sehr leicht verläuft, wenn sie feucht wird. Verrückterweise wird sie bei diesem Versuch aber nicht feucht – obwohl ihr sie in Wasser taucht.

Rezept

Nehmt einen möglichst großen Pott und füllt ihn mit Leitungswasser. Streut obendrauf ein oder zwei gute Handvoll Bärlappsporen. Zu viel gibt's hier nicht, nur zu wenig; die Schicht darf ruhig fingerdick sein. Bärlapp ist ein ulkiges Gewächs, das es schon vor 300 Millionen Jahren auf der Erde gab. Wir benötigen allerdings nur seine (völlig ungiftigen) Sporen. Gesammelt ergeben sie ein feines Pulver, das auf Wasser schwimmt.

Allerdings schwimmen die Sporen nicht nur *auf* Wasser, sondern sie verteilen sich auch um einen Gegenstand, den

man *in* Wasser hält. Zum Beispiel euer Schreibpapier oder eure Finger. Wenn ihr sie langsam durch die Bärlappschicht ins Wasser taucht, bleiben Finger und Papier trocken. Noch nicht mal die Tinte auf dem Papier verläuft.

Was geht hier ab?

Dieses Experiment steht für sich selbst. Ich finde es unglaublich cool. Mit Blütenstaub das Wasser überlisten, das hat was. Der Grund für die Bärlappsporen-Delle im Wasser ist die hohe Oberflächenspannung des Wassers. Sie entsteht durch Wasserteile, die sich recht fest aneinanderbinden. Sie werden voneinander angezogen und bilden eine Art Film, fast so wie bei einer durchsichtigen Butterbrotfolie. So wie auch ein Wasserläufer auf dem Wasser herumrennen kann, ohne zu versinken (solange kein Spüli darin ist, das die Oberflächenspannung auflöst, S. 96/97), so kann man die Wasseroberfläche mit Finger oder Papier „eindellen", wenn man eben Bärlappsporen daraufstreut. Diese bleiben auf der Oberfläche liegen und legen sich um das Papier, wenn ihr es eintaucht. Die Oberfläche des Wassers wird nicht „zerrissen" – so bleibt das Papier trocken. Die übrigen Bärlappsporen könnt ihr noch weiter verwenden –

da Feuer im Spiel ist, aber nur mit einem Erwachsenen! Nehmt eine kleine Prise davon in die Hand und lasst sie in ein brennendes Teelicht fallen. Achtung, die gesamten Sporen verpuffen in einem Rutsch. Nehmt also nur winzig kleine Mengen, haltet die Hand mindestens einen Meter über die Flamme des Teelichtes, zieht sie schnell weg und versucht es nicht mit einer großen Flamme, sondern nur mit einem Teelicht. *Nicht drüberbeugen, um zu schauen, was passiert!* Selbstverständlich darf nix Brennbares in der Nähe stehen oder hängen, auch nicht unter dem Teelicht. Ein Steinboden oder Backblech ist sehr gut.

Den Verpuffungstrick machen sich sehr viele Feuerspucker zunutze: Anstatt saugefährlichen Petroleums spucken sie Bärlappsporen in die Flamme ihrer Fackel. Feuerspucken ist aber nur etwas für Profis, bitte nicht zu Hause ausprobieren. Sonst brennen die Gardinen, oder ihr atmet die Sporen ein statt aus. Beides ist gar nicht gut.

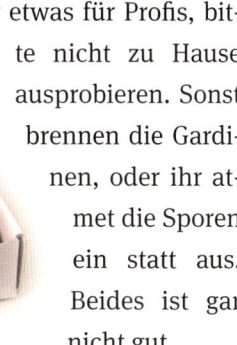

Luftballons
aufblasen (lassen)

Rezept

Besorgt euch einen Luftballon. Je größer, desto lustiger. Sehr kleine Luftballons lassen sich schlecht befüllen, und auch komisch geformte Ballons oder Tierfiguren sind nix. Sie dürfen auch nicht zu dickwandig sein. Nehmt einfach die billigsten, die ihr findet.

Übt vorher gegebenenfalls an ein paar ollen Ballons, rasch einen Knoten in den Einblasstutzen (oder wie man das Mundstück sonst nennt) zu machen, denn ihr müsst gleich schnell sein.

Faltet ein Blatt Papier, das ihr als Rutsche benutzt. Streut ordentlich (1–2 Esslöffel) Backpulver darauf und lasst es in das Innere des Luftballons rieseln. Nun noch einen Schuss (mindestens ein Schnapsglas voll, besser mehr) Leitungswasser aus dem Wasserhahn reinlaufen lassen, schnell zuknoten und fertig. Der Luftballon bläst sich von selbst auf. Yeah!

Statt Backpulver könnt ihr auch nur Wasser verwenden und den zugeknoteten Ballon in die Mikrowelle legen. Achtung, nicht aus Versehen auf Heißluft oder Grill schalten, sonst gibt es eine Riesensauerei durch das geschmolzene Gummizeugs. Wenn ihr auf echte Mikrowelle schaltet, dehnt sich der Ballon superschnell aus. Nachteil: Er fällt schnell wieder zusammen, wenn ihr ihn herausnehmt und er erkaltet. So gesehen ist die Backpulvermethode die beste.

Watt soll der Quatsch?

Nichts, wirklich *nichts* ist lästiger und größere Zeitverschwendung, als bei einer Party Hunderte von „Lubas", auch bekannt als Luftballons, aufblasen zu müssen. Backpulver kostet fast nix, wenn man es in einer Großpackung kauft, und Wasser kommt aus der Leitung. Ein Löffelchen Backpulver, und das Aufblasen erledigt sich im Nu und von selbst.

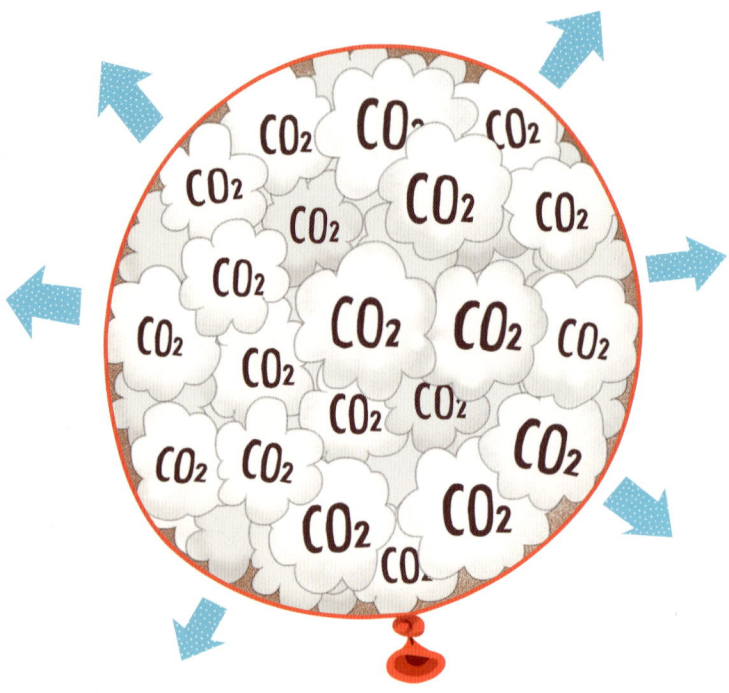

Was geht hier ab?

Das Backpulver reagiert mit Wasser, und dabei entsteht Kohlendioxid (CO_2). Im Kuchen ergibt das lauter kleine Blasen (er wird dadurch beim Backen locker), im Sprudelwasser erzeugt es das bizzelnde Gefühl an der Zunge, und hier nun füllt das CO_2 den Innenraum des Ballons. Da die Gummiwand des Ballons nachgiebig ist, gibt sie dem Druck des Gases auch nach.

Mit Wasser alleine funktioniert das Aufblähen nur so lange, wie es durch Mikrowellen – also Hitze – in Wasserdampf umgewandelt wird. Wasserdampf benötigt viel mehr Platz als das flüssige Wasser, aus dem er besteht. Daher die Ausdehnung des Ballons in der Mikrowelle. Wird es wieder kälter, dann kondensiert der Dampf, das heißt, er wird wieder zu Wasser, und vorbei ist es. Backpulver plus Wasser ist also dauerhafter. Nebenbei könnt ihr daran sehen, wie Bomben funktionieren:

Der feste, nur wenig Raum einnehmende Sprengstoff wird in einer Bombe bei der Zündung in einem blitzartigen Rutsch zu Gas. Weil das Gas viel mehr Platz benötigt als der zuvor feste Stoff, fliegt die harte Hülle der Bombe auseinander, das Gas verteilt sich ruckartig, und die Splitter der Hülle sowie die Druckwelle in der Luft richten ihren Schaden an.

Mit Backpulver könnt ihr allerdings nix Bombastisches anstellen, weil sich das Kohlendioxid vergleichsweise langsam aufbaut. Außerdem ist eine Zündung mit Wasser nichts für harte Kerle, die natürlich lieber Feuer und Funkenregen verwenden. Dafür könnt ihr mit dem Backpulver was viel Nützlicheres machen, nämlich Luftballons ohne Mühe aufblasen. Das ist eh viel schöner, als in der Gegend rumzubomben.

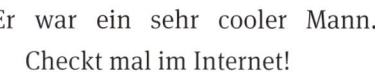

Ach ja, noch was: Den Luftballon hat Michael Faraday erfunden, dem ich dieses Buch gewidmet habe (S. 5).

Er war ein sehr cooler Mann. Checkt mal im Internet!

Limonade

MATERIAL
- Zitronen oder Orangen
- Zucker
- Wasser

Es geht mir mega auf den Keks, dass Getränke immer chemischer und bekloppter werden. Wetten, dass euch eine selbst gemachte Limo mindestens so gut schmeckt wie ein extrem teurer Energiedrink, der mit Neonfarbe durchsetzt ist? Als kauzige Experimentatoren, die Nudeln brechen, Gelmengen messen und Luftballons in der Mikrowelle aufblasen, kann es uns nicht schrecken, Limonade selbst herzustellen. Muss sein!

Rezept

Presst ein paar Zitronen oder Orangen oder beides aus. Füllt das Ganze in einem Krug oder einer Schüssel mit kaltem Leitungswasser auf. Rührt so lange Zucker dazu, bis es euch schmeckt. Man muss manchmal etwas länger rühren, bis sich der Zucker löst, ist aber kein Akt. Ihr könnt das Ganze auch im großen Stil herstellen und dann in gespülte Flaschen abfüllen. Hält sich völlig problemlos mehrere Tage im Kühlschrank.

Statt Zitronen oder Orangen könnt ihr natürlich auch Kirschsaft, Schwarzen Johannisbeersaft oder sonst was Leckeres verwenden. Einfach immer matschen, pressen, verdünnen und gegebenenfalls Zucker dazu und basta. Es ist wirklich so einfach.

Watt soll der Quatsch?

Erstens: Man kann sein Geld für was anderes als bescheuerte Designergetränke ausgeben.

Zweitens: Falls ihr mal kocht, kennt ihr das: Je einfacher das Gericht, desto leckerer. Das liegt daran, dass unsere Geschmackswahrnehmung vor Hunderttausenden von Jahren programmiert wurde. Da gab es noch keine Neongetränke.

Drittens: Wenn ihr das Obige gemeistert habt, dann könnt ihr später auch andere schicke Getränke selbst mixen.

⇢ Beispiele

- Energiegetränk: Eine Tablette Koffein (gibt es rezeptfrei in der Apotheke) pro Limoflasche hinzugeben.
- Cola selbst brauen: Statt Obst einfach „Saft" aus Teezitronen oder *einen* Teelöffel Zitronensäure verwenden (gibt es in der Apotheke und im Drogeriemarkt, oft zum Entkalken. Achtung, auf die Packung gucken, es darf kein anderer Entkalker sein.) Wie viel, müsst ihr ausprobieren – kommt immer drauf an, was einem schmeckt. Normalen Zucker durch Vanillezucker ersetzen. Flüssiges Karamell kaufen und einen Schuss dazugeben. Wenige Tropfen Orangenöl und Zimtöl dazugeben. Wenn's sprudeln soll, noch eine Prise Natron, fertig ist die Cola.
- „Plus XY": Das Geheimnis mancher „plus X"-, „plus Y"-, oder „plus Geheimnis"-Getränke ist einfach Zimt. Probiert's mal aus.

LEITSATZ

*Je simpler,
desto leckerer!*

Warum man in der Sauna nicht schmilzt

Vielleicht wart ihr schon mal in der Sauna. Ein ziemlich bizarrer Ort, in dem es schweineheiß ist und die Leute unerklärlicherweise super drauf sind. Anstatt mir verschwitzte, nackte Haut anzugucken, frage ich mich in der Sauna immer ganz andere Sachen, vor allem eins: „Warum zerlaufen und schmelzen die Leute eigentlich nicht?"

Die Frage hört sich doof an, denn in der Sauna ist ja noch nie ein Mensch geschmolzen (soviel ich weiß). Trotzdem ist der Gedanke gerechtfertigt, wie das folgende Experiment zeigt.

Rezept

Stellt eine Herdplatte auf mittlere Hitze, einen Topf darauf und „lasst den Speck aus", also das flüssige, warme

Fett aus dem zuvor festen Stück auslaufen. Macht aus dem Speck vorher kleine Würfelchen, dann geht es besser. Einfach in den Topf oder die Pfanne schmeißen und los geht's. Dauert so etwa fünf Minuten, dann habt ihr genug Fett für diesen Versuch. Wenn ihr noch fünf Minuten weitermacht, habt ihr auch noch Fett für den folgenden Versuch (S. 90).

Gießt das flüssige Fett in ein kleines Glas und stellt ein Thermometer hinein. Am Anfang ist das Fett noch echt heiß, und es dauert recht lange, bis es abkühlt. Wenn ihr Zeit sparen wollt, könnt ihr das Glas zum Teil in etwas Kaltes stellen, beispielsweise einen Topf mit ein bisschen kaltem Wasser oder Eiswürfeln. Ihr könnt aber auch einfach warten.

*„Fett auslassen" –
der Speck schmilzt.*

Achtet mal auf die Temperatur, bei der das Fett wieder fest wird. Erstaunlich   erst bei ungefähr 25 bis 30 Grad Celsius ist es so weit. Unser menschlicher Körper hat aber eine Temperatur von ca. 37 Grad. Wie kommt es da, dass Schweine, Rinder, Hasen, Gänse und wir Menschen durch unsere körpereigene Heizung nicht einfach zerlaufen, geschweige denn in der Sauna?

Was geht hier ab?

Kniffelige Sache! Euer Experiment beweist, dass man nicht nur in der Sauna schmelzen müsste (zumindest das Fett unter unserer Haut). Schon bei Raumtemperatur und erst recht im gemütlich warmen Bett oder am Strand müsste unser Unterhaut-Fettgewebe – es ist ziemlich dasselbe Fett wie beim Schwein – flüssig werden. Doch nicht immer liefert ein Experiment die richtigen Antworten, wenn die Frage „krumm gestellt" ist. Im lebenden Körper liegt das Fett nämlich nicht als toter Speck vor, sondern in Fettspeicherzellen. Das Gemisch an Stoffen in den Zellen hat ganz andere Eigenschaften als das reine Fett alleine. Außerdem wird unser Körper durch Schwitzen gekühlt (S. 88). Die Natur sorgt wie so oft auf geniale Weise vor.

Auch wenn man es oft nicht sieht – wir alle haben übrigens recht große Fettreserven, die es uns erlauben, bis zu 40 Tage ohne Essen zu überleben. Etwas zu trinken brauchen wir hingegen immer, da wir, anders als beispielsweise Kamele, nicht genügend Wasser speichern können. Selbst ein sehr schlanker

Mensch besteht noch immer zu etwa zehn Prozent aus weißem Speicherfett. Da immer mehr Menschen weltweit übergewichtig werden, steigt der Fettanteil stark. Ein dicker Mensch besteht zu weit über der Hälfte nur noch aus Fett! Dieses Fett findet sich vor allem unter der Haut, gerne am Bauch, am Gesäß und an den Oberschenkeln. Kommt dieses Fett von Tieren, dann können wir es als Speck beim Metzger kaufen. Es gibt auch Fettlagerstätten im Inneren unseres Körpers, etwa in der Bauchhöhle.

Dieses Fett ist nicht nur ein Energiespeicher für harte Zeiten. Es schützt nebenbei auch vor Kälte. Wegen seiner Verteilung meist in der Körpermitte hilft diese Isolierschicht zwar nicht gegen kalte Füße, schützt aber die wichtigeren inneren Organe vor Vereisung.

Körperfett findet sich auch noch an anderen Stellen, beispielsweise als Druckpolster unter den Füßen, als Stoßdämpfer unter dem Augapfel und an den Gelenken.

Wenn man sehr lange hungert, wird erst mal das ganze Lagerfett aufgebraucht. Ganz am Ende ist das Fett unter den Füßen und den Augäpfeln dran. Deswegen haben stark ausgehungerte Menschen nicht nur hervorstehende Knochen, sondern auch tief liegende Augen.

Die Sache mit dem Fett zieht seit einigen Jahren übrigens ganz schön krasse Kreise. Es gibt mittlerweile schon wissenschaftliche Zeitschriften, die sich *nur* noch mit den immer dicker werdenden Menschen beschäftigen. Dass Menschen auch in armen Ländern immer dicker werden, liegt übrigens *nicht* am Zucker, sondern an den ganzen versteckten Fetten im Schrottessen (Fastfood-Overkill).

ÜBRIGENS

Frauen haben meist mehr Fett im Körper. Das ist genetisch in der Entwicklungsgeschichte der Lebewesen vor Ewigkeiten so programmiert worden – vermutlich, damit Frauen länger durchhalten können, wenn sie sich um andere kümmern.

Zwei Bonus-Experimente in einem: Kühlung durch Schwitzen

Die Kühlung unseres Körpers ist nicht ganz einfach. Einerseits kann das warme Blut, solange es draußen kühl ist, innen an der Haut entlanglaufen und sich da ein wenig abkühlen. In der Sonne, im Bett und in der Sauna geht das aber nicht. Denn dann ist es draußen ja wärmer als im Körperinneren. Es reicht auch nicht, wie ein Hund zu hecheln. Stattdessen schwitzen wir, und das bewirkt zweierlei:

Erstens entsteht eine dünne Dampfschicht, weil der Schweiß verdunstet. Dampf ist ein guter Isolator: Er lässt keine Wärme durch, sondern schirmt sie ab. Die Wärme bleibt draußen. Das könnt ihr sehr cool auf einer heißen Herdplatte sehen: Tropft mal Wasser darauf. Ihr seht, dass der Tropfen ziemlich lange hin und her flitzt, ohne zu verdunsten. Das kommt von der Dampfschicht, die sofort zwischen Platte und Tropfen entsteht.

Zweitens entsteht bei der Umwandlung von flüssigem Schweiß zu Dampf Verdunstungskälte. Das kennt ihr von Eisspray oder Brennspiritus auf der Haut. Probiert es mal aus! Taucht einen Finger in Brennspiritus. Oder gießt etwas Brennspiritus auf ein Taschentuch und streicht es euch über den nackten Arm. Sobald der Brennspiritus verdunstet (das tut er sofort, weil er, anders als Wasser, sehr flüchtig ist, leicht siedet und sich daher blitzschnell auflöst und in gasförmigen

Zustand übergeht), wird es kalt. Bei Schweiß dauert das Verdunsten zwar etwas länger, und es wird auch nicht ganz so kalt
dabei. Trotzdem ist es dasselbe.

All das hat die liebe Evolution – wie auch die Fettlager und
-polster in unseren Körpern – als vorteilhaft beurteilt und daher in unsere Körper einprogrammiert, ohne dass wir darüber nachdenken müssen oder es bewusst ein- oder
ausschalten müssen. Praktisch, ne?

Seife aus Küchenabfall kochen

Ihr habt für den Versuch auf Seite 84 eh ein Stück Fett gekauft. Jetzt wollt ihr es aber bestimmt nicht mehr essen, weil ihr euch zu viele Gedanken über die Fettpolster in eurem Körper macht oder Angst habt zu schmelzen. Verwendet es also einfach für was anderes. Nämlich zum Seifekochen!

Rezept

MATERIAL
- alter Kochtopf, nicht aus Aluminium, alle anderen Metalle gehen
- 200 Gramm ausgelassenes Fett (aus dem vorigen Versuch)
- Natronlauge
- sauberes Regenwasser (oder Bügelwasser)
- Kochlöffel aus Holz, Schneebesen
- Salz
- Einweghandschuhe oder Spülhandschuhe

Lasst euch in der Apotheke einen Liter Natronlauge so herstellen: 40 Gramm Natriumhydroxid auf 100 Milliliter deionisiertes Wasser. Nicht trinken oder in die Augen reiben: Die Natronlauge ist so ähnlich und mindestens so eklig wie aufgelöstes Waschpulver.

In einen Topf gebt ihr ein größeres Trinkglas voll Regenwasser (300 Milliliter). Sammelt das Wasser einfach bei Regen in einem sauberen Glas auf dem Balkon. Wenn ihr keinen Bock habt, Regenwasser aufzufangen (oder es nur nieselt oder gar nicht regnet), lasst euch in der Apotheke 300 Milliliter deionisiertes oder destilliertes Wasser abfüllen oder kauft es im Drogeriemarkt als Bügelwasser. Kostet so gut wie nix.

Das Wasser kippt ihr in einen Topf und gebt das Fett dazu. Erhitzt das Ganze vorsichtig und langsam, also bei mittlerer Hitze. Nicht kochen. Das Fett schmilzt, wie ihr schon aus dem vorigen Versuch wisst, recht schnell. Es legt sich jetzt als riesiges Fettauge auf die Oberfläche des Wassers. Mnjam!
Gießt nun ganz langsam die Natronlauge dazu. Achtung, nicht rumspritzen und nicht in die Augen, auf die Haut oder auf die Klamotten kommen lassen. Ist zwar nicht der Weltuntergang, aber verdünnte Natronlauge ist ätzend (nicht sehr, reicht aber, um zu nerven), und Fett macht Fettflecken.

FETT!

Regen-
wasser

300 ml

Natron-
Lauge

30 min

Das Ganze kriegt nach langsamer Zugabe der Natronlauge sofort eine eklige Farbe, wie erbrochene rote Bohnen oder so. Das ist gut so. Rührt das Zeugs mit dem Schneebesen ordentlich durch und lasst es langsam wallen und köcheln. Nicht übertreiben, einfach friedlich wogen und wabern lassen. Nicht spritzen. Öfters umrühren. Mittlere Hitze, kein Höllenfeuer.

Wenn ihr sicher seid, dass das Ganze nicht überkocht, könnt ihr einen Deckel drauftun und zehn Minuten was lesen. Bleibt aber beim Herd, für den Fall, dass es doch überkocht. Das Ganze wird immer dicker, rührt also öfters mal um. Nach einiger Zeit – allerspätestens nach 20 Minuten – sind auf der Oberfläche helle Bröckchen oder eine helle Schicht zu sehen. Das ist Seifenleim! Tataaaa! Lasst es noch zehn Minuten weiterwallen, die Schicht wird dann immer dicker. Fertig.
Da ihr die Seife später natürlich auch benutzen oder verschenken wollt (es gibt kein cooleres Geburtstagsgeschenk als selbst

TIPP

Man kann Wasser, anstatt es in ein Messgefäß mit Strichen zu kippen, auch einfach in jedem beliebigen Gefäß wiegen: 300 Milliliter Wasser wiegen 300 Gramm. Das Gewicht des Gefäßes zählt natürlich nicht dazu, muss man vorher wiegen und abziehen. Mache ich nicht nur im Labor, sondern auch zu Hause beim Kochen immer so, auch wenn es alle komisch finden.

LEITSATZ

Besser Wasser wiegen als mit Wasser wägen. Wer wiegt, gewinnt.

ÜBRIGENS

Eklig ist das Seifesieden nicht, denn was (fast) alle Menschen zum Waschen verwenden, kann nicht verkehrt sein. Seife wurde immer schon aus Tier- oder Pflanzenfett hergestellt. Heute gibt es allerdings viele Ersatzstoffe für Seife, die genau-so funktionieren (meistens ist es einfach eine fertige Chemikalie namens SDS), aber selbst gekocht ist es na-türlich viel cooler.

gemachte Seife, haha), könnt ihr den Seifenleim auch noch richtig chic zu Ende zubereiten. Ihr könnt ihn aber auch so schon verwenden.

Falls ihr weitermachen wollt, schüttet 30 Gramm Kochsalz (jedes billige Kochsalz geht, absolut *jedes* – aber ohne Kräuter oder Meer oder sonst was drin) zu der heißen Masse. Lasst den Matsch noch eine Minute zart köcheln (immer noch nicht rumspritzen, alles ganz sanft machen) und nehmt das Ganze danach vom Herd.

Lasst alles über Nacht – so wie es ist, im Topf – draußen oder irgendwo in der Wohnung abkühlen. Tut vielleicht einen Deckel drauf, damit eure Geschwister oder die Hauskatze sich nicht mit Seife vollsudeln. Sammelt am nächsten Tag (zwei oder drei Tage später geht auch) mit einem Löffel oder mit den Fingern (Einweg- oder Spülhandschuhe anziehen) die obere Schicht, also die Seife, ab. Manchmal muss man die dicke Seifenschicht erst antitschen oder draufklopfen oder sie zerschneiden, um sie aus dem Topf zu kriegen.

Unter der Seifenschicht schwimmt eine braune Soße, die kippt ihr weg. Achtung, Hände, Topf, Löffel, Schneebesen und alles andere nach Benutzung immer schnell abspülen, weil die braune Flüssigkeit noch ein wenig seifenlaugig ist. Auch nicht in die Augen fassen.

Ihr habt es schon gemerkt: Die Seife ist längst fertig! Sie ist noch recht wasserhaltig, aber hey! Flüssigseifen sind in. Wenn ihr wollt, könnt ihr das Ganze jetzt noch durchkneten und mit edlen Düften beträufeln, in Formen pressen, mit farbigem Glitzerpuder bestäuben oder mit Schleifchen verpacken.

Wer gerne Seife baut, aber Metzgerfett zu fett und Natronlauge zu laugig findet, kann das Ganze auch im industriellen Blitzverfahren zack, zack durchführen. Ich finde die folgende Methode aber uncooler, weil sie nicht so schön altmodisch ist. Wie auch immer – am schnellsten stellt man Seife so her:

Schmelzt in einem alten Topf bei niedriger Hitze eine Stearinkerze. Genau: nicht rumspritzen! Guckt vorher auf der Verpackung, ob es auch wirklich reines Stearin ist. Stearinkerzen sind meist die billigsten im ganzen Laden. Mit Kerzen aus Bienenwachs und anderen Kerzenstoffen klappt es *nicht* – also wirklich auf die Verpackung gucken. Es muss Stearin sein.

Kippt dann ein größeres Trinkglas (300 Milliliter) voll Bügel- oder Regenwasser in einen Topf. Diesmal geht auch ein Aluminiumtopf. Gebt vier Esslöffel Soda ins Wasser (Soda = Natron, ist vielleicht schon im Küchenschrank als Mittel gegen Sodbrennen). Erhitzt das Ganze – nicht kochen – und rührt um, bis sich das Soda löst. Tropft nun das geschmolzene Stearin dazu. Sofort schwimmt die Seife oben. Fertig!

Watt soll der Quatsch?

Es ist Sonntag, ihr braucht Seife, alle Läden haben zu. Oder es regnet, und ihr habt keinen Bock, rauszugehen. Kein Problem – aus ein wenig Schmalz oder einer Kerze ist in Kürze das gewünschte Gut geworden. Yeah!

Nebenbei könnt ihr bei diesem Versuch auch sehen, wie schweineeinfach manche Sachen sind. Oder hättet ihr gedacht, dass man aus einer Kerze und einem Hausmittelchen gegen Sodbrennen Seife innerhalb von Minuten kocht? Ich finde so was super. Wer weiß, wann man es mal braucht!

Muttis und Vatis Lieblings-experiment: Geschirr spülen

Rezept

MATERIAL
• schmutziges
  Geschirr
• Spüli

Geschirrspülautomaten sind für Anfänger. Viel schöner ist es doch, das Feeling aus Berghütten, Ferienfreizeiten und Ausflügen an die See nachzuleben und selber zu spülen! Dazu benötigt man nur ein wenig Essen, das möglichst viel Schmutzwasser erzeugt. Fangen wir mit etwas nicht allzu Schmuddeligem an: Spaghetti mit Tomatensoße. Wer die Soße oder auch die Spaghetti anbrennen lässt, hat doppelt so viel Spaß. Wer viele Freunde und Freundinnen einlädt, auch. Denn dann gibt's mehr Geschirr zum Spülen. Prima sind neben den Töpfen und Tellern auch Wassergläser, in denen man zum Beispiel Johannisbeersaft servieren kann. Dazu passt Brot, das möglichst stark krümelt.

Der ganze Kladderadatsch kommt nun in die Spüle. Die Wassertemperatur ist dabei weniger entscheidend, als man mei-

nen könnte, warmes Wasser ist aber angenehmer an den Händen. Also: warmes Wasser, Spüli rein und los geht's.

Anstatt sich nun über die lästige Arbeit zu ärgern, empfehle ich, folgende Frage zu prüfen: „Wieso kommen die gespülten Sachen eigentlich sauber aus der Brühe voller Krümel, Soße, Saft und Nudelstückchen?" Denn tritt man beispielsweise in ein Schlammloch, dann kommt der Schuh daraus sicher nicht sauber heraus. Rutscht man aus, dann ist auch die Hand dreckig. Komisch, oder?

Ja, es ist komisch. Könnte das daran liegen, dass die Schmutzdichte im Schlamm größer ist als in der Spüle?

Der Laborchef spült gerne für die MitarbeiterInnen.

Nein, die Erklärung ist eine andere, und sie besteht aus drei Teilen. Erstens löst sich aller Kleinkram, der stärkehaltig ist (Nudelwasser, kleine Brotkrümelchen), einfach im Spülwasser auf. Zieht man nun das Trinkglas aus dem Schmutzwasser, dann ist es eigentlich zwar immer noch davon bedeckt, der Schmutz steckt nun aber aufgelöst und stark verdünnt im Wasserfilm. Der Film tropft aber – samt der aufgelösten Stärke – im Trockenreck ab oder wird mit dem Trockenhandtuch in ebendieses überführt. Ränder gibt's eigentlich nur, wenn das Wasser sehr hart, also kalkhaltig ist. Kalk löst sich anders als Stärke eben nicht gut in Wasser. Er bleibt also gerne mal übrig. Profis polieren die Gläser daher, wenn sie noch feucht sind, denn zu diesem Zeitpunkt schwimmt der Kalk noch im Wasser herum. Ist kalkiges Wasser erst getrocknet, wird's hartnäckig und unlustig. Das ist aber für unser Experiment, bei dem Gespültes in der Spüle sauber wird, egal. Denn der Kalk kommt aus der Leitung, nicht aus den Essensresten.

Der zweite Grund dafür, dass Spülen hilft, ist der doofste: Alle schweren Teile sinken schlicht zu Boden. Kennt jeder, der Nudeln, Erbsen und Paprikastückchen heimlich mit einer Bürste in den Abfluss drückt, anstatt sie rauszusammeln. Diese schwereren Stücke liegen also einfach am Boden, während ein gespülter Teller darüber herausgehoben wird.

Jetzt fragt sich aber immer noch, warum der kleinere, feinere, schwimmende Schmutz nicht doch am Teller haftet. Dieses eigentliche Spülgeheimnis ist unsichtbar und selbst mit Lupe nicht zu erkennen. Trotzdem kennt es jeder aus eigener Anschauung.

Spüli besteht aus einer Riesenmenge sogenannter *Lösungsvermittler,* und weil es so viele sind, reicht schon ein Spritzer Spüli, um eine dicke Ladung Schmutzzeug sauber zu kriegen. Die Lösungsvermittler sind längliche Teilchen, die spinnen: Ihr eines Ende liebt Wasser, das andere Ende hasst es und will nur eins – weg von jeder Art von Wasser. Daher richten sich die einzelnen Lösungsvermittlerteile an der Wasseroberfläche fein auf. Ihr Wasser liebendes Ende badet, der Rest streckt sich nach oben in die Luft, um dem Wasser so fern wie möglich zu sein.

Weil die Lösungsvermittler dabei nicht nur eine saudünne Schicht bilden, sondern zugleich auch die Oberflächenspannung des Wassers aufbrechen, saufen beispielsweise Wasserläufer ab (S. 75), sobald man einen Tropfen Spüli in einen Teich

gibt. Nicht tun, so was machen nur ausgesprochene Idioten – Tiere in Ruhe lassen! Stattdessen könnt ihr es mit einem harten Brotkrümel, einem Stück Konfetti oder Staub ausprobieren. Legt das kleine Dings vorsichtig auf die Oberfläche von Leitungswasser in einem Glas. Dort bleibt das Teilchen erst mal liegen. Wenn ihr Spüli zugebt, geht das Teil unter – die stützende Oberflächenspannung bricht dank der Lösungsvermittler sofort zusammen.

Noch lieber als Luft ist den kleinen Psychorackern aber jede Art von möglichst fettigem Schmutz. Denn Fett ist kein Wasser, also mag eine Hälfte es besonders und taucht ihr Wasser hassendes Ende tief ins Fett. Der Massensturm auf das beliebte Fettküchelchen bewirkt, dass dessen gesamte Oberfläche nun auf einmal anstatt aus Öl aus Lösungsvermittlern besteht. Wie eine zweite Haut, deren äußere Seite mit dem Wasser flirtet, während die innere in den Schmutz taucht. Nicht immer gelangt das Spüli allerdings um den gesamten Schmutz, beispielsweise, wenn er am Teller festklebt. Das Kleben ist eine echte Kraft, und die kann manchmal stärker sein als die lösende Wirkung des Spülwassers. Ein zähes Ringen, dem ihr da ahnungslos beiwohnt! Die Entscheidung könnt ihr zugunsten der Lösungsvermittler durch Rubbeln mit dem Schwamm herbeiführen.

Endergebnis: Die Schmutzteilchen pappen nicht mehr am Teller, sondern wollen lieber im Spülwasser bei ihren Kumpels, den fettigen und sonstigen Teilchen, bleiben, die ebenfalls alle schon von Lösungsvermittlern ummantelt und eingepackt sind. Und das klappt auch. Sie bleiben im Wasser und nicht am Teller, wenn man das gespülte Gut aus dem Becken zieht. Nur grobe Brocken muss man abwischen – dafür reicht die Kraft unserer Mikromäntelchen alleine eben nicht aus.

Falls ihr euch mal gefragt habt (habt ihr hundertpro), wie eigentlich Schaum entsteht: auch durch die Lösungsvermittler. Wenn sie zu sehr durchgewirbelt werden, etwa wenn ihr mit dem Duschkopf in das Badewasser reinbraust, dann entstehen manchmal Doppellagen der Seifenblasenhäutchen, die dann Luft einschließen können. Weil die Kugelform am energieärmsten ist, sind zumindest kleine Schaumblasen immer rund. In der Badewanne sind es aber so viele Blasen, dass sie zusammengedrückt werden und eine andere, ebenfalls energiearme Form annehmen, so wie im Bild links.

Wenn ihr mal richtig sparen wollt, könnt ihr eure gesamte Flüssigseife, Spüli, Duschgel, Haarshampoo, Badeschaum und so ziemlich alles andere, was reinigt, durch eine einzige Flasche SDS ersetzen (gibt's im Internet). Das ist der am häufigsten benutzte Lösungsvermittler. Ihr könnt das SDS einfach verdünnen, locker zehnfach und mehr, und dann für alles Genannte und noch viel mehr verwenden.

Den meisten Menschen passt das nicht, denn sie wollen schnieke Geruchsstoffe und pflegende Zusätze in ihrem SDS haben. In Wirklichkeit badet und wäscht sich heutzutage aber praktisch jeder nur in einer verdünnten SDS-Lösung. Weil sich das aber offenbar zu chemisch anhört, kaufen die Leute lieber Produkte, die alles Mögliche versprechen. Letztlich verwenden wir aber doch alle nur eins: Lösungsvermittler – durch eine schicke Verpackung aufgehübscht. Billiger und verpackungsmüllvermeidender wäre es, einfach nur einmal im Jahr eine Pulle SDS zu erwerben. Aber das ist vielleicht so kauzig, dass ihr es erst eines Tages in eurer ersten eigenen Bude machen solltet, wo ihr dann eh sparen *müsst*. Zack!

Bonus: Spaghetti
mit Tomatensoße

Erstaunlich, aber wahr, es geht auch alles ohne Tütensoße! Einfach die Spaghetti aus dem Knack-Versuch (S. 28) so lange in Wasser mit einer Prise Salz kochen, wie es auf der Packung steht (meist um die sieben Minuten). Wasser abgießen.

Den Inhalt einer Dose mit geschälten, gestückelten oder pürierten Tomaten in einen zweiten Kochtopf schmeißen. Einen Esslöffel Salz, eine Prise Pfeffer und Kräuter der Provence zu den Tomaten geben, das Ganze kurz auf dem Herd oder in der Mikrowelle heiß machen.

Nudeln und Tomaten zusammenschütten. Fertig.

Bonus neben einem leckeren Essen ganz ohne Chemie: Die Töpfe, Teller und Spaghettireste lassen sich perfekt fürs Spülexperiment einsetzen! Yeah!

Krümelchen im Spülwasser sind so unterschiedlich wie Musikfans.

···❯ Die Frage am Rande

Moment mal, wieso bildet sich bei dieser irren Spülschmutz- menge im Wasser eigentlich nicht wie im Versuch „Blitzschnel- les Kristallwachstum" (S. 70) ein Schmutzkristall?

Antwort:

Es liegt daran, dass der Blitzkristall aus lauter genau gleichen Teilen besteht, der Schmutz im Spülwasser aber nicht. Beim Kristall lagert sich gleich an gleich, und zwar supergleich an supergleich.

Im Spülwasser schwimmen hingegen Fette, Zucker, Krümelchen und tausend andere Sachen herum, die so was von nicht gleich sind, dass sie auch keinen Grund finden, sich aneinanderzula- gern, wie es sich bei einem Haufen Gleicher anbieten würde. Das kennt ihr von Festivals mit mehreren Bands. Es sind immer nur die jeweiligen Fans an der Bühne – dem Kristallisationspunkt. Alle anderen Zuschauer haben einen anderen Musikgeschmack und laufen woanders rum oder packen sich zumindest nicht ganz vorne ins Gedränge. Schmutzwasser ist wie ein Festival mit lauter Fans mit total unterschiedlichem Musikgeschmack. Sie rennen rum, anstatt sich zusammenzurotten.

Die romantische Küchengalaxie

MATERIAL

- Küchenspülbecken
- Vollwaschmittel (Pulver)
- Luminol (3-Aminophthalhydrazid)
- Natriumcarbonat
- rotes Blutlaugensalz (Kaliumhexacyanoferrat(III)) (aus der Apotheke)

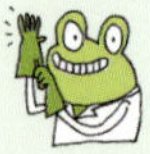

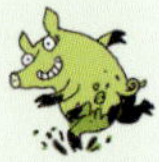

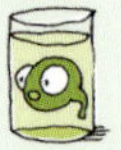

Rezept

Gebt in ein trockenes (!), sauberes Gurken-, Senf- oder Marmeladenglas:

· eine Messerspitze Luminol

· je zwei Messerspitzen rotes Blutlaugensalz und Natriumcarbonat

· einen Esslöffel Vollwaschmittel (nicht Color-, Farbschutz-, Bio- oder Feinwaschmittel)

Rührt das Ganze mit einem Löffel oder Stäbchen ein bisschen um.

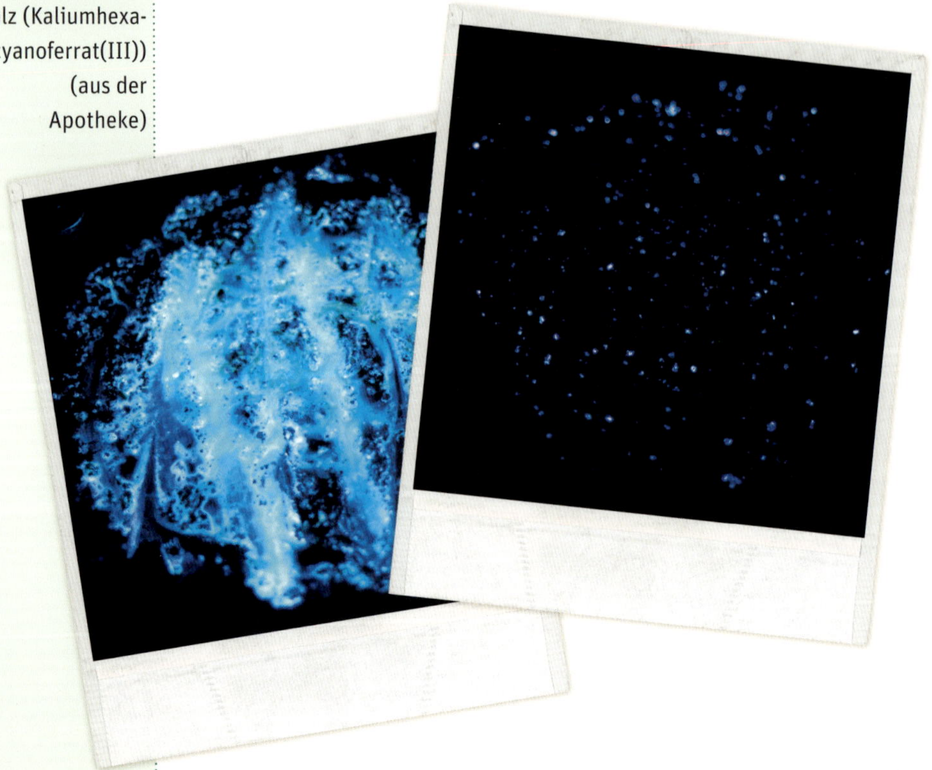

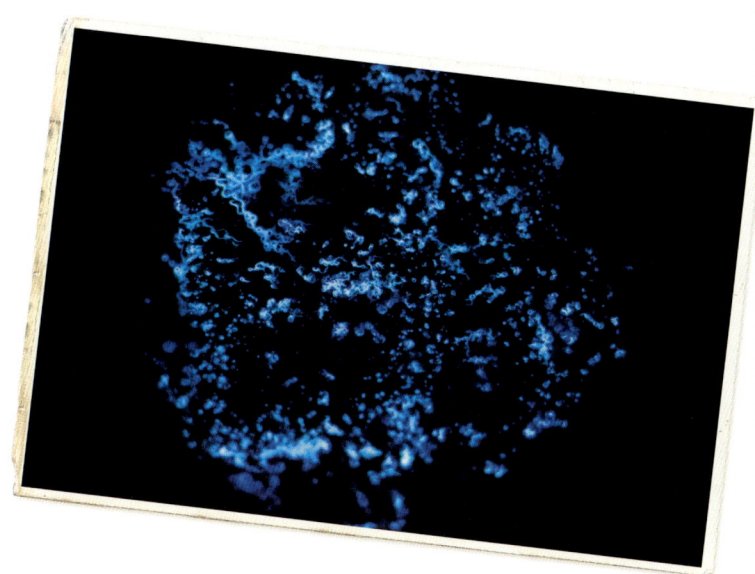

Macht die Küchenspüle ein wenig feucht, indem ihr einmal kurz Wasser aus dem Hahn laufen lasst. Den Abfluss lasst ihr dabei offen, so dass keine Pfütze entsteht. Ihr könnt auch einen flachen großen Teller (Pizzateller) nehmen, den ihr ein bisschen anfeuchtet (mit der feuchten Hand drüberschmieren).

Zieht die Vorhänge oder Rollos zu, sodass es möglichst *stockdunkel* ist. Wenn das in der Küche nicht geht, macht es in der Badewanne oder sonstwo. Der Raum muss jedenfalls richtig schön dunkel sein.

Lasst nun das Leuchtpulver in die feuchte Spüle oder Wanne oder auf den Teller rieseln und verstreut es dort. Voilà: Ihr seht Spiralgalaxien, die Milchstraße, Sterne – es sieht wirklich so aus! Am besten zusammen mit einem netten Menschen machen. Romantischer und cooler *geht es nicht*!

LEITSATZ

Im Dunkeln ist gut funkeln!

Tapetenkleister selbst herstellen

MATERIAL
• 50 Gramm Mehl
• Leitungswasser
• Zucker

Nachdem ich mir schon mal mit Sekundenkleber fast die Lippen und schon mehrfach (nicht nur fast) die Finger verklebt habe, respektiere ich Klebstoffe. Auch die stinkenden Epoxidharz-Mischungen, die fast alles zusammenleimen, aber auch meinen Kühlschrank vollpesten, finde ich fragwürdig. Was liegt da näher, als sich einen schönen Leim zu basteln, der Papier und Pappe klebt und vielleicht auch als Tapetenkleister funktionieren könnte. Aber das müsst ihr selber ausprobieren. Ich finde Tapeten albern.

Rezept

Ein größeres Trinkglas voll Wasser (= ungefähr 250 Milliliter) in einem Töpfchen oder Becher mit dem Mehl verrühren. Ordentlich rühren, eventuell mit einem Schneebesen oder Mixer. Fertig.

Wenn ihr es noch klebriger haben wollt, könnt ihr das Ganze auch kurz erhitzen oder einmal ganz kurz auf dem Herd aufkochen. Dabei rühren und nicht rumspritzen und nix anbrennen lassen. Geht auch in der Mikrowelle. Je länger ihr es bei geringer Hitze vorsichtig wallen lasst, umso klebriger wird's am Ende.

Profis lassen das Ganze zwei Stunden simmern und rühren dabei des Öfteren um. Als weiteren Extratrick könnt ihr auch noch zusätzlich einen oder zwei Esslöffel Zucker dazurühren.

Danach könnt ihr die Schmiere mit einem Pinsel oder Stäbchen überall hintun und etwas daran kleben. Ihr könnt die Pampe auch mit Wasser verdünnen, wenn sie euch zu dick ist. Viel Spaß beim Kleben!

Noch ein Tipp: Diesen sehr guten Mehlleim solltet ihr immer frisch zubereiten, weil er nach ungefähr einem Tag Lagerung seine Klebkraft verliert. Profis benutzen *keinen* Zucker, sondern machen es nur mit Mehl und Wasser.

Watt soll der Quatsch?

Es gibt jede Menge hoch entwickelte, coole Spezialwerkstoffe. Wir neigen aber dazu, die einfachen und oft genauso guten Lösungen darüber zu vergessen. Das ist ganz krass. Wenn man auch in armen Ländern arbeitet, staunt man immer wieder über die extrem lässigen Lösungen, die die Leute da haben. Man kommt im Urwald beispielsweise an sauberes Wasser, indem man einfach eine Bambusstange abhaut. Da der Wasserdruck in der Pflanze dann zusammenbricht, läuft unten frisches Wasser raus. Kein Witz!

Mit dem Mehlkleber ist es genauso. Wir verschwenden sämtliche Reserven unseres Planeten, obwohl das oft nicht nötig wäre. Denn nicht alles, was man klebt, muss auch noch in zehntausend Jahren durch ultrateure Klebstoffe halten. Im

Mehl sind bereits sehr gute Klebestoffe enthalten, die für den Alltag oft mehr als ausreichen. Selbst zur Wiederherstellung von alten, superteuren Büchern mit Ledereinbänden wird Mehlkleber verwendet.

Es gibt auch noch ganz andere Sorten von Kleber. Dabei klebt überhaupt nix mehr dauerhaft, sondern streng genommen *haften* nur Dinge aneinander, die sich ohne Rückstände oder Veränderungen wieder voneinander lösen lassen. Das kennt ihr beispielsweise von den Füßchen der von mir sehr geliebten Schaben und Fliegen, aber auch von Geckos. Wenn man Geckofüsse ordentlich nachbauen könnte, könnten wir ein Auto hochheben, indem wir ein nur kleinfingerdickes Seil mit seinem Ende

daranlegen würden. Das Auto könnte ohne Schlinge oder sonst was einfach so mit diesem „klebenden" Seilende hochgezogen und danach ohne Reste wieder abgelöst werden. Hört sich unglaublich an, aber die Kraft der Evolution begünstigt auch die irrsten Lösungen, wenn sie nur irgendwie möglich sind.

⇢ Leim

Früher hat man Leim sehr oft aus Knochen, Knorpeln, Gräten, Hautstücken und heißem Wasser gekocht. Dabei wird ein Klebestoff frei, das Glutin. Gereinigt kennt ihr es aus Lebensmitteln als Gelatine. Ihr esst es dauernd in Pudding und 100 anderen Speisen (es sei denn, ihr seid VeganerInnen).

Auch Pflanzensamen enthalten einen Klebestoff, der sehr ähnlich heißt, nämlich Gluten. Da Mehl aus gemahlenen Pflanzensamen besteht, klebt im Mehlkleister genau dieses Gluten. Kein Wunder, dass Kleber auf Englisch „glue" heißt.

Es werde Licht!

Rezept

MATERIAL
- ein Stück Grillkohle
- Tinte oder Tusche (Farbe egal)
- ein Esslöffel Sand (vom Spielplatz oder Strand)
- Kaffeemaschine mit Papierfiltern
- Trinkglas

Zerkrümelt einen Brocken Grillkohle zwischen zwei Blättern Küchenrolle (Küchenpapier): Einfach mit einem Löffel zerdrücken. Geht auch auf Schreibpapier. Oder mit den Fingern auf Papier fein zerkrümeln und danach die Pfoten waschen. Legt die zerdrückte Kohle zur Seite.

Füllt nun ein Trinkglas mit Leitungswasser. Kippt einen Schuss Tinte hinein; eventuell müsst ihr eine Tintenpatrone aufschneiden oder jemanden fragen, der deutlich älter ist als ihr, ob er ein Tintenfass hat. Gibt es durchaus noch!

Bestückt die Kaffeemaschine mit einem Kaffeefilter aus Papier. Gießt alles in den Filter und guckt euch das Filtrat an, das unten raustropft. Es hat dieselbe Tintenfarbe wie vorher.

Füllt das gesäuberte Trinkglas noch einmal mit Leitungswasser. Kippt wieder einen Schuss Tinte hinein, und gebt einen Löffel Sand dazu. Rühren, filtern – wieder dieselbe Tintenfarbe wie vorher.

Füllt das sauber Trinkglas zum letzten Mal mit Leitungswasser. Kippt wieder einen Schuss Tinte hinein, haut aber diesmal noch die zerriebene Holzkohle dazu. Rührt

das superschmutzige Wasser mit einem Löffel eine halbe Minute lang. Nicht wie irre quirlen, einfach nur umrühren. Bestückt die Kaffeemaschine mit einem letzten frischen Papierfilter. Gießt alles in den Filter und guckt euch das Filtrat an, das jetzt unten raustropft. Es ist (höchstwahrscheinlich) farblos.

Was geht hier ab?

Erst mal ist es natürlich saugeil, dass das Wasser offenbar immer sauberer wird, je mehr Schmutz man hineinrührt. Nicht jeder Schmutz tut es dabei aber – es muss schon Holzkohle sein. Mit Sand geht es nicht. Warum?

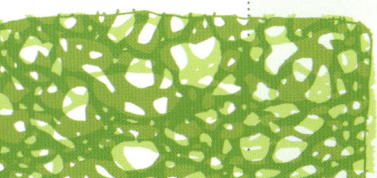
Kohleporen

Holzkohle ist kein Schmutz wie jeder andere. Sie besteht aus superfuzzikleinen Verästelungen, Löchern, Gängen und Poren. Die sind so klein, dass sich die Tinten- und Tuscheteilchen beim Schütteln darin fangen. Die Holzkohle mit dem ganzen Schrott bleibt dann einfach im Filter hängen, und, presto, das Wasser ist sauber!

In Aktivkohle, die noch ein bisschen weiter erhitzt wird als Grillkohle, fangen sich sogar *Gase*, wie diejenigen, die den Benzingeruch an der Tankstelle erzeugen. Aber auch Bakterien, fieser Geschmack beim Klären von Wodka und Rum und Pollen lassen sich damit filtern. Irre, wie klein die Poren sein müssen! Und noch irrer, dass die genannten Teilchen darin hängen bleiben, ganz ohne „Chemie". Es ist eher wie Billardspielen – die Teilchen fallen in Löcher und bleiben dann erst mal dort. Am allerirrsten ist aber vielleicht das: Die Kohle ist völlig ungiftig und wird sogar als Medikament eingesetzt.

LEITSATZ

Schwarz plus Schwarz gibt durchsichtig!

Fliegen anlocken

Rezept

Ein schönes Sommerexperiment! Wenn es draußen richtig schön muckelig warm ist – es sollte allerdings nicht gerade die glühende Mittagssonne im Juli sein, weil es dann zu trocken ist –, stellt ihr eine geöffnete Dose mit schleimigem „Feucht"-Futter raus. Ihr könnt die Dose auch in einen Napf oder Teller stellen oder das Futter dort reinkippen, muss aber nicht sein. Je näher ihr an Büschen, Wäldern oder Wiesen seid, umso besser. Wir haben das Experiment allerdings auch schon in der totalen Betonwüste in der fünfzehnten Etage (!) im Flur gemacht, das hat auch geklappt. Aber wozu in das Hochhaus schweifen, wenn die Fliege fliegt so nah? Am allerbesten geht es in verwilderten Gärten oder im möglichst unaufgeräumten Wald. Solltet ihr Wanderfreaks in der Familie haben, nehmt also immer eine Dose feuchtes Katzenfutter mit!

Wenn ihr noch was anderes zu tun habt (lesen, fernsehen, experimentieren), dann könnt ihr das in Ruhe tun und einfach ab und zu bei der offenen Dose vorbeischauen. Manchmal schon nach Sekunden, teils aber auch erst nach einigen

Minuten oder Stunden kommen die metalliclackierten Brummer angesaust. Sie sind entweder grün oder blau glänzend. Achtet mal drauf: Die grünen sind meist kleiner als die blauen. Und je heißer es ist, desto kleiner werden die Fliegen.

Der Vorteil an feuchtem Hunde- oder Katzenfutter ist, dass die Fliegen erstens relativ zufrieden mit diesem für sie perfekten Untergrund und deswegen auch relativ ruhig (ja: „relativ" ruhig) sind (wie Touris beim Sonnenbad am Strand, die haben ja auch alles, was sie wollen) und zweitens auch Eier ablegen (nicht wie Touris). Das ist sehr spannend – manchmal sieht man *alle* Fliegen mit ausgefahrenem Eiablage-Apparat! Es handelt sich also nur um Weibchen, weil die Männchen keine Eier legen und sich daher auch nicht für das Fleisch – das nur ein Eiablageplatz ist, kein Futter – interessieren. Der ausgefahrene Eiablage-Apparat ist übrigens kein Stachel (Schmeißfliegen können nicht stechen), sondern nur ein Trichter zum Eier-gezielt-Ablegen.

Wenn ihr ein Steak rauslegt, kann es passieren, dass die Tiere nicht so genau wissen, ob sie Eier ablegen wollen, weil frisches Fleisch nicht so schön matschig wie Dosenfutter ist und daher leicht austrocknet (schlecht für die kleinen Maden).

Die Ei-Pakete nennt man auch „Geschmeiße", weil sie wie hingeworfen aussehen. Daher der Name „Schmeiß"-Fliegen. Wenn ihr Lust und Zeit habt, könnt ihr auch noch schauen, wie aus den Eiern Maden werden.

Öfters kommen auch Wespen, Ameisen und schwarze oder graue Fliegen. Beobachtet mal, was die so anstellen. In der Regel gewinnen die blauen Fliegen und vertreiben die anderen. Die grünen kommen aber immer wieder, und meist sind es auch viel mehr. Die grauen können am wenigsten ausrichten – das sind Stubenfliegen, die lieber in Wohnungen leben und nicht so gerne kämpfen. Sie mögen es gemütlich. Wespen graben oft mit ihren Mundwerkzeugen Fleischstückchen ab, wobei es öfters zu lustigen Luftgefechten mit den erstaunlich mutigen Schmeißfliegen kommt, die ja eigentlich auch von den Wespen gefressen werden. Es ist also einiges los.

Mit sehr viel Glück seht ihr auch weitere, etwa karierte Fliegen (kein Witz, gibt es wirklich: sie heißen „Fleischfliegen") oder ganz kleine schwarze Tiere, die wie geflügelte Miniameisen aussehen. Das sind Erzwespen, die Eier in die Maden ablegen. Und so geht es immer weiter im Recycling-Kreislauf des Lebens ...

Watt soll der Quatsch?

Wir benutzen in der Kriminalbiologie die Tiere, um beispielsweise herauszufinden, wo eine Leiche lag, bevor sie in den Teppich gerollt wurde. Je nachdem, ob das in einer Wohnung war, finden wir mehr Stubenfliegen (grau), oder beim Einrollen in einen alten Teppich im Freien eher Schmeißfliegen (blau oder grün). Je länger die Maden, also die Kinder, der Schmeißfliegen sind, desto älter sind die Tiere und umso länger lag die Leiche dort, wo sie gefunden wurde.

Die Auswertung solcher „Befunde" (so heißt das auf Behördendeutsch) ist ziemlich viel Arbeit, und man muss die Tiere sehr gut kennen. Vieles könnt ihr aber schon beobachten, wenn ihr im Sommer einfach nur ganz ruhig und länger neben einer offenen Dose Hundefutter sitzt ...

···⟩ Die Frage am Rande

Wie fressen Fliegen eigentlich? Sie haben ja weder Mund noch Zähne noch Kiefer, noch sonst was. Nur so eine Art Rüssel oder Strohhalm.

Antwort:

Die Frage ist schon die Antwort. Fliegen können nur durch die strohhalmartig ausgezogenen Lippen saugen.
Wenn das, was sie gerne fressen wollen, aber fest (nicht flüssig) ist, spucken sie einfach drauf. In der Spucke löst sich dann beispielsweise der Keks oder das Salz von eurer Haut. Danach saugen die Tiere ihre Spucke zusammen mit dem darin jetzt aufgelösten Material einfach mit dem Minirüssel auf. Hat also nichts mit Stechen zu tun.

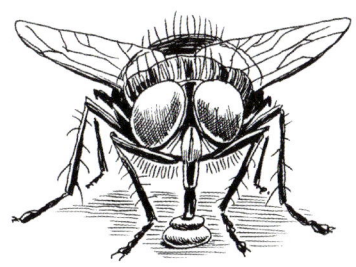

Magnetische Haut

Rezept

Entkleidet euren Oberkörper. Stellt euch gerade hin. Nehmt eine Gabel oder einen Löffel und legt ihn an eure Brust. Zack! Ihr seid magnetisch.

Komischerweise geht das auch mit Plastik, das unter normalen Lebensumständen nicht magnetisch ist. Noch komischer ist, dass es auch mit sehr schweren Gegenständen geht, etwa Pfannen. Dafür braucht ihr allerdings etwa zwei Minuten Übung. Besteck müsst ihr manchmal ein bisschen biegen, nur ganz wenig, damit es besser aufliegt. Es haftet dann oft sogar am Rücken. Bei großen Gegenständen, etwa bei Pfannen, könnt ihr vorher kurz den Boden anhauchen. Dann klappt es eigentlich immer.

Komisch – soooo magnetisch, wie es für eine magnetische Pfannenhaftung nötig ist, könnt ihr doch gar nicht sein. Sonst würdet ihr ja auch sofort jede Bankkarte entwerten, in deren Nähe ihr kommt, oder im Kaufhaus bei der Ausgangskontrolle piepsen oder Büroklammern und 1-Cent-Stücke in die Luft heben

Beim Weltrekord-Versuch

können, ohne sie anzufassen. Könnt ihr aber nicht (ich schon – siehe Fotos auf Seite 21 und 117). Euer „Körpermagnetismus" muss also an etwas anderem liegen.

Watt soll der Quatsch?

Vor allem macht das Ganze viel Spaß. Dass auch Fernbedienungen haften, finde ich besonders lustig: So kann man sie nie mehr verlegen.

Wenn ihr (sehr) stark behaart seid, müsst ihr die Haare abrasieren: Haare machen leider alles sehr rutschig. Falls ihr zudem total unsportlich seid (so wie ich), dann kann es sein, dass nicht alle Gegenstände kleben, weil die Auflagestelle ein leichtes Gefälle haben muss und keinen steilen Hang darstellen darf. Das heißt, Brustmuskeln und Oberweite sind prima, eine flache Brust ohne Muskeln führt zum Absturz. Wer also wie ich ganz ohne Muskeln lebt, sollte zumindest weibliche Rundungen haben. Grundsätzlich ist es außerdem praktisch, wenn man ein paar Kilo zu viel auf den Rippen hat. Dann ist das Gewebe meist erstens etwas nach vorne gewölbt und zweitens schön schwabbelig.

Was geht hier ab?

Die Erklärung ist simpel: Immer dann, wenn es schräg, schwabbelig, ein bisschen klebrig und feucht ist, dann haftet *egal* welcher Gegenstand an euch. Das ist für die beteiligten Gegenstände sozusagen gemütlicher – denn das Rutschen kostet Energie (deswegen wird es auch warm, wenn Dinge aneinanderreiben, etwa eure Hände im Winter zum Aufwärmen). Solange es geht, „wehren" sich die Gegenstände also gegen die Schwerkraft und das Abrutschen, indem sie an der Haut kleben bleiben. Es ist also wieder ein Spiel der Kräfte, wie ihr es schon beim Schmutz im Spülwasser erlebt habt (S. 94).

Nebenbei erkennt ihr beim Besteck- und Pfannenankleben eine superwichtige Forschungsmethode, die *eindeutige Widerlegung* (Falsifizierung). Alles, was widerlegt ist, kann man zu den Akten legen und sich danach anderen Forschungsideen zuwenden. Mit diesem Experiment hier kann man beispielsweise beweisen, dass Menschen nicht magnetisch sein müssen (oder nie sind?), um Metall an sich zu kleben. Dass Magnetismus dabei *keine* Rolle spielt, seht ihr schon daran, dass weder Haut noch Plastikteller magnetisch sind, sie aber trotzdem aneinanderkleben: Magnetismus falsifiziert.

Widerlegen muss man üben

Es ist nicht immer ganz einfach, etwas zu widerlegen. Beispielsweise bin *ich* sehr wohl magnetisch und kann mit meinem Finger Kompasse verdrehen, Münzen hochheben und jede Menge anderen Quatsch machen. Leider tut es manchmal etwas weh, denn die Tür von meinem Badezimmerschrank hat einen sehr starken Magneten eingebaut, an dem ich manchmal fest-„klebe" – autsch!

Der Grund für meinen Magnetismus ist aber nicht, dass mein Körper magnetisch ist, sondern ich habe mir einfach einen Dauermagneten in den Finger einnähen lassen. Achtung, nicht selbst ausprobieren, die Fingerkuppe blutet ziemlich stark, wenn man daran rumfummelt, und die Person, die das macht, muss sehr gut nähen können, damit der Magnet auch wirklich sitzt. Das können nur Profis. Zudem braucht man einen mit Plastik ummantelten Magneten, sonst rostet er und entzündet sich. Also wirklich bitte nicht selbst ausprobieren!

Das heißt: Es stimmt *nicht*, dass *niemand* Büroklammern magnetisch anzieht. Selbst die Widerlegung im Experiment, also dass *jeder* Mensch Besteck und Dosen an sich befestigen kann, greift hier nicht. Daher immer vorsichtig bleiben beim Widerlegen.

Beispielsweise kann auch niemand widerlegen, dass es Aliens gibt. Wir wissen einfach nicht, ob es sie gibt oder nicht, das ist alles. *Glauben* kann natürlich jeder, was er will. Das gilt ja auch bei Religionen. Ich bin beispielsweise Dudeist (bin ich wirklich), jemand anders ist Christ, Moslem, Jude, Atheist,  Wiccaner, Jedi, Pastafari, Hindu oder Agnostiker. Ist alles okay. Denn Glauben ist nicht Wissen. Und noch mal, glauben kann jeder, was er oder sie will. Solange man damit nicht andere einschränkt.

Ganz streng genommen ist alles auf der Welt irgendwie magnetisch, nur ganz anders, als oben bereits (richtig) widerlegt. Der euch mittlerweile schon gut bekannte, sehr coole Forscher Michael Faraday hat dafür den bis heute gültigen Begriff „Diamagnetismus" gefunden. Damit ist gemeint, dass alles auf der Erde sich umordnet, wenn es in die Nähe von sehr starken, echten Magneten gerät. Oft bewirkt das eine Abstoßung, so wie bei zwei gleichen Magnetpolen, die sich ja auch abstoßen.

Deswegen kann man in sehr starken Magnetfeldern wirklich alles schweben lassen, von einer Erdnuss bis zu Erdbeeren oder einem Frosch. Muss ein irres Gefühl für den Frosch sein, bei dem es ihm innerlich sämtliche Locken wegknallt. Ein Kollege von mir hat das wirklich ausprobiert und dafür den Ig-Nobelpreis gewonnen (S. 53). Den Tieren (und Nüssen) passiert dabei nichts, außer dass sie schweben, solange das Magnetfeld angeschaltet ist. Man nennt den Diamagnetismus daher auch „Jedermannsmagnetismus".

Das diamagnetische Schweben klappt nur im Labor: Zu Hause könnt ihr die nötigen Magnetstärken nicht erzeugen. Auch wenn ihr beispielsweise an falsch so genannten „magnetischen Bergen" Wasser hinauffließen oder einen Ball einen Berg hinauffliegen seht, ist das immer eine optische Täuschung und nie Magnetismus. Auch die klebenden Löffel und Fernbedienungen *pappen* nur, sind also nicht magnetisch mit euch verbunden. Im Alltag gibt es einfach keinen Magnetismus oder Diamagnetismus der nötigen Stärke.

Rauch, Qualm und Knacks

I t was easier to know it than to explain why I know it.

Es war leichter, es zu wissen, als zu erklären,
warum ich es weiß.

(SHERLOCK HOLMES, „A STUDY IN SCARLET")

Einleitung

Unsere Welt ist erst seit wenigen Jahren so qualm-, rauch- und smogfrei, wie ihr sie kennt. Denn in Wahrheit ist „nur die halbe Welt Teflon und Asbest – der Rest ist brennbar", wie die Band „Einstürzende Neubauten" singt. Wir gehen also ein bisschen in der Zeit zurück und schauen mal, wie es in den brodelnden Kellern unserer Experimentiervorgänger aussah. Ihr seht dabei auch, dass die uns umgebende Atemluft, an die wir viel zu wenig denken, ebenfalls ein spannendes und all-gegenwärtiges Mittel für Experimente ist. Zum Glück besteht sie fast nur aus Stickstoff, der am liebsten seine Ruhe will und nicht brennt. Aber sie bietet uns trotzdem genug Möglichkeiten zum Qualmen und Knallen!

Monsterhörner aus dem Blumenpott

Das Folgende ist exzellent geeignet für Gruftis, Schwarzma-gier und Loch-Ness-Seeschlangen-Fans, also Leute wie mich. Das Beste an diesem Versuch ist, dass ihr die Zutaten leicht herumtragen könnt und so jederzeit ein paar extrem hässliche schwarze Schlangen oder Hörner erzeugen könnt, wenn es gerade nötig erscheint.

MATERIAL
- Emser Pastillen (Apotheke)
- Brennspiritus
- Feuerzeug/ Streichhölzer
- für Großstadt-kinder zusätz-lich: Blumentopf, Erde oder Sand

Rezept

Fünf bis zehn der Emser Pastillen nebeneinander in trockenen Sand oder Erde stecken. In der Großstadt findet das Ganze in einem Blumentopf statt. Der Großteil der Tabletten muss dabei rausgucken – also den umgelegten Tablettenstapel nicht ein-

graben. Je einen Fingerhut voll Brennspiritus pro Stapel drüberkippen und die Flasche dann zugedreht außer Reichweite stellen. Die Tabletten anzünden und zurücklehnen. Vor euren Augen kriechen riesige schwarze Würmer aus dem Sand. Yeah! Das Ganze geht auch auf dem Acker (auf dem aber sonst nichts

Brennbares sein darf, beispielsweise kein Heu), zwischen Steinen und so weiter. Im Blumentopf sieht es aber am lustigsten aus. Außerdem könnt ihr die dicken schwarzen Schlangen dort auch längere Zeit aufbewahren. Ich brenne dazu an mehreren Stellen eines langen Balkonblumentopfes samt Erde je vier oder fünf Pastillen ab, sodass eine kleine Plantage schwarzer Kreaturen entsteht, die ihre fiesen Arme beziehungsweise

höllischen Hellboy-Hörner ausstrecken. Eine herrlich dekorative Nummer, wenn sich Oma und Opa zu Besuch anmelden, oder was zum Fummeln, wenn euch beim ersten Date der Gesprächsstoff ausgeht und ihr lieber zu eindrucksvollen Taten schreiten wollt!

Je nach Wind und Wetter zerfallen die Monsterhörner natürlich früher oder später. Man kann sie auch nicht konservieren. Aber kein Problem: Ihr könnt ja jederzeit und superleicht neue herstellen.

Was geht hier ab?

Die Pastillen enthalten Natron, das durch die Hitze Kohlendioxidgas abspaltet. Das Gas vermischt sich mit den verbrennenden Teilen der Tabletten und bläht sie wie Bauschaum auf. Kohlendioxid kommt auch gleich im Feuerlöscher-Candle-Light-Exeriment nochmal zum Einsatz (S.128).

WICHTIG

Niemals Brenn-spiritus auf etwas schon Brennendes gießen!

Raketenauto

Rezept

Besorgt euch im Drogeriemarkt leere Filmdosen von den alten Analogfilmen. Meist reicht es, den Mülleimer der dortigen Fototheke diskret zu durchsuchen. Ihr könnt natürlich auch erst nett fragen und *dann* den Mülleimer durchwühlen.

Bohrt mit einer Schere in den Deckel einer Filmdose ein kleines Loch. Steckt dann einen Bleistift hinein und dehnt das Loch, bis es ungefähr so weit wie der Bleistift ist. Füllt die Dose dann mit Streichhölzern. Nicht stopfen, einfach normal befüllen. Die farbigen Köpfchen zeigen zum Deckel. Setzt den Deckel auf die Dose und umwickelt *ringsrum komplett* alles *fest* mit mehreren Lagen Alufolie.

MATERIAL
- eine Schachtel Streichhölzer
- Alufolie
- Spielzeugauto
- Gummiringe oder Kabelbinder
- Filmdosen

An der Stelle, in der das Loch im Deckel ist, prokelt ihr nun noch mit dem Bleistift ein Loch in die Alufolie. Steckt ein letztes Streichholz dort hinein, und zwar so, dass das Köpfchen ein klein wenig herausragt. Sonst kriegt ihr es nicht angezündet. Befestigt den jetzt fertigen Raketenantrieb mit Gummiringen auf dem Dach eines Spielzeugautos. Am besten nehmt ihr ein Auto aus Metall, das ungefähr so lang wie ein Daumen ist. Es muss gut laufende Räder ohne Schnickschnack haben.

Zündet das hervorstehende Hölzchen an **und nehmt augen- blicklich die Finger weg**. Es entsteht sehr schnell eine zwar kleine, aber sauheiße Stichflamme, die das Auto durch die entstehenden Gase quer durchs Zimmer treibt. Rekord war bei mir ein Flug vom Tisch als Rampe quer durch die Luft durchs gesamte Labor. Macht es also besser im Freien auf einer feuer- festen Unterlage (Bürgersteig). Achtung, noch mal: Sofort Fin- ger wegnehmen – die Luft aus der Düse ist echt schweineheiß.

Was geht hier ab?

Es handelt sich um den gleichen Antrieb wie bei echten Rake- ten und beim Feuerlöscher (S. 128), nur viel lustiger.

Tipp: Wenn das Auto nicht startet, steckt nach zwei Minuten ein neues Startstreichholz in das Loch. Manchmal steht das erste Zündholz zu weit vor oder zu tief in der Dose. Doch ab und zu klappt es auch beim zweiten Versuch nicht – das Expe- riment ist ganz schön tricky!

LEITSATZ

Altes Spielzeug wird zu flitzendem Spielzeug, wenn es einen Raketen- antrieb erhält.

ACHTUNG

Nur was für Tüftler mit starken Nerven! So ein Antrieb kann ganz schön launisch sein...

TIPP

Baut eine Sprung- schanze für das Auto, es fliegt echt weit!

Magisches Backpulver

Rezept

Das hier ist der Vorversuch, den ihr aber auch nebenbei bei einem Candle-Light-Dinner durchführen könnt.

Kippt auf den Boden eines Trinkglases oder einer Vase einige Päckchen Backpulver. Stellt eine angezündete Kerze in die Mitte des Glases oder der Vase auf eine kleine Erhöhung, zum Beispiel ein umgedrehtes Schnapsglas. Nix passiert.
Gießt nun einen Fingerbreit Leitungswasser am Rand des Gefäßes hinein. Das Backpulver schäumt auf. Wartet einen Moment – plötzlich geht die Kerze aus. Tataa!

So funktioniert ein Feuerlöscher: Das Wasser setzt aus dem Backpulver Kohlendioxid frei (S. 79). Die selben Bläschen machen im Teig den Kuchen locker. Kohlendioxid ist ein Killer für Feuer, weil Feuer Sauerstoff braucht, der von Kohlendioxid aber verdrängt wird.
Beim Feuerlöscher wird allerdings zusätzlich zum Feuer erstickenden Kohlendioxidgas auch noch Wasser herausgeschleudert. Einen derart spritzenden Feuerlöscher kann man auch selbst basteln. Am besten im Sommer ... :

Dazu braucht ihr eine Cola- oder Limoflasche. Es muss

MATERIAL
- Backpulver
- Essigessenz
- Plastikgetränke-
  flasche

eine sein, die vom Pfandrücknahmeautomat *nicht* zerquetscht werden kann, also eine der *dickwandigen* Plastikflaschen, die man wie Glasflaschen in Kästen stellt. Trinkt die dickwandige Flasche leer oder kippt die zuckrige Plörre in den Abguss.

Füllt die Getränkeflasche nun zu vier Fünfteln mit lauwarmem Leitungswasser. Kippt mindestens zehn Tütchen Backpulver auf ein Blatt Papier. Schüttet das Pulver mit dem gebogenen Papier als Behelfstrichter in die Flasche (langsam, damit nicht alles danebenkrümelt). Schraubt den Deckel wieder auf die Flasche und schüttelt das Ganze vorsichtig, bis sich das Backpulver halbwegs auflöst. Wenn ein paar Krümel am Boden liegen bleiben, macht das nix.

Nun den Deckel wieder von der Flasche abschrauben. Kippt einen guten Schuss Essigessenz (ruhig ein halbes Trinkglas voll) in die Flasche, haltet sie fest mit dem Daumen zu und schüttelt sie. Wartet so lange ihr könnt – versucht, bis 20 zu zählen, falls ihr starke Daumen habt. Lasst dann eine kleine Lücke entstehen, indem ihr den Daumen ein bisschen zur Seite nehmt. Hurra, es spritzt! Und wie! Großes Kino.

Was geht hier ab?

Der Essig verbindet sich mit dem Backpulver. Als „Abfallprodukt" entsteht dabei Kohlendioxid. Das Gas drückt in der Flasche in alle Richtungen und will raus. Die einzige Öffnung ist der kleine Spalt neben eurem Daumen. Auf dem ziellosen Weg dorthin nimmt das Gas so ziemlich alles mit, was sonst noch im Weg ist – auch das ganze Wasser.

Das Gespritze funktioniert natürlich auch, wenn ihr einfach eine Colaflasche schüttelt, bevor ihr sie öffnet. Dann klebt es aber wie Sau und ist auch voll die Verschwendung. Außerdem zählt das nicht als Experiment ☺.

Aber wie kommt es eigentlich, dass Cola nicht nur dann spritzt, wenn ihr die Flasche vor dem Öffnen schüttelt, sondern auch, wenn ihr sie stattdessen zu Boden fallen lasst? Denn dabei ist ja weder Essig noch Backpulver noch Schütteln im Spiel, sondern nur ein einziger, sehr kurzer chemiefreier Stoß.

Antwort:

Die Kohlensäure ist in der Cola vor dem Prickeln auf zwei Arten gelöst: an andere Teilchen gebunden (chemisch) und bloß zwischen sie geschoben (physikalisch). Fällt die Flasche herunter, dann löst sich sehr viel der physikalisch gelösten Kohlensäure mit einem Schlag aus der Cola und wird gasförmig. Dazu bedarf es keiner chemischen Umsetzung. Der Schlag reicht.
Da das Gas nun nicht mehr in der Cola gelöst ist, benötigt es viel mehr Platz als vorher – das über Zwanzigfache. Diesen Platz hat die gasförmige Kohlensäure in der Flasche aber nicht. Also drängelt sie herum und will am liebsten raus. Dabei ist ihr die Cola im Weg. Sie schießt deswegen mit aus der Flasche, sobald der Behälter geöffnet ist.
Wenn eine Flasche herunterfällt, explodiert sie trotz des hohen Druckes durch das Kohlensäuregas nur, wenn durch den Sturz ein Riss entsteht. Die Getränkeflaschen-Ingenieure haben nämlich vorgesorgt und den Flaschen eine sehr druckstabile Form verliehen. Bei Sektflaschen ist es genauso.

ÜBRIGENS

Vielleicht habt ihr euch schon mal über die sehr komisch gewölbten Böden von Cola- und Sektflaschen gewundert. Der Grund dafür ist, dass sie in dieser Form viel stabiler sind – auch dann, wenn in der Flasche die gasförmige Kohlensäure drängelt und drückt. Der Druck wird dabei wie bei Brücken- und Kirchenbögen an den stabilen Rand weitergeleitet – ziemlich ähnlich wie bei Fahrradspeichen, die den Druck vom Fahrweg auf die Nabe umleiten und das Rad in (runder) Form halten.

Aus trocken mach nass

Rezept

MATERIAL
• ein Tütchen Backpulver (egal welche Marke oder Sorte, es geht auch „Bio"-Backpulver)
• Tee- oder Kaffeekanne aus Glas
• Glasplatte oder Ähnliches als Deckel

Kippt eine Tüte Backpulver (oder zwei oder drei, ganz nach Laune) in eine Teekanne.

Stellt die Kanne auf den Herd und erhitzt sie bei mittlerer Hitze. Meist müsst ihr die Platte nur eine Minute anlassen. Achtung, es muss eine Glaskanne für Tee oder Kaffee sein, alles ande-

re springt und geht kaputt. Auf die Kanne legt eine Glasplatte (habt ihr aber vermutlich nicht) oder einen Unterteller oder jede Art von glattem Deckel.

Sehr schnell steigt in der Kanne eine Art Rauch auf. Was man für Brandgase halten könnte (das Backpulver wird gerne etwas schwarz), enthält aber weder Asche noch Ruß noch sonst was Pulvriges, sondern Wasserdampf. Wenn ihr kurz wartet, seht ihr auch die Wassertropfen an der Glaswand und unter dem Deckel.

Was geht hier ab?

Wo kommt das Wasser her – aus dem staubtrockenen Pulver doch wohl kaum?

Doch, genau da kommt es her. Erhitzt man Backpulver, dann zerfällt es in seine Bestandteile, und eins davon ist wirklich Wasser. Kohlendioxidgas entsteht ebenfalls, aber das kennt ihr ja schon.

Dieses scheinbar schlichte Experiment ist nicht nur eins, mit dem ihr jede Wette gewinnt (aus Backpulver Wasser herstellen – wetten, dass?), sondern auch ein besonders lässiges. Ihr habt nämlich ohne Aufwand eine chemische Reaktion ablaufen lassen, die sowohl im Haushalt (lockeren Kuchen backen) als auch in der Industrie (Feuerlöscher) eine Riesenrolle spielt. Eine große deutsche Firma verdiente sogar den Grundstock ihres Vermögens mit Backpulver. Die Marke gibt es seit weit über 100 Jahren, und das Rezept hat sich bis heute nicht verändert.

Das aus dem Backpulver entstehende Wasser stört beim Backen von Kuchen oder Brot übrigens nicht. Die Feuchtigkeit wird von der heißen und damit trockenen Umgebungsluft im Ofen einfach aufgenommen und abtransportiert.

LEITSATZ

Trockenes kann nass werden, wenn man es erhitzt.

Zisch!

Nicht nur Raketen fliegen damit, sondern es knallt auch bei euch zu Hause, wenn ihr Wasser zerlegt. Wie das, wo Wasser doch zum Löschen verwendet wird?

Rezept

Wasser besteht aus Wasserstoff und Sauerstoff; das weiß (fast) jeder. Nun brauchen wir für dieses schicke Experiment aber reinen Sauerstoff und reinen Wasserstoff, keine Verbindung der beiden als Wasser. Daher setzen wir das Ganze mit einfachen Mitteln aus Leitungswasser frei.

Besorgt euch zuerst eine 9-Volt-Batterie (ist in vielen Fernbedienungen drin, sonst kaufen). An den Polen befestigt ihr je ein Kabel. Die Enden befreit ihr etwa 1 Zentimeter vom Plastikmantel. Wickelt jeweils ein Kabelende um einen Pol, sodass das an-

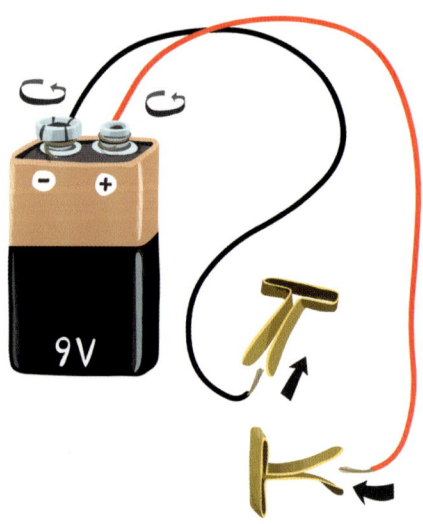

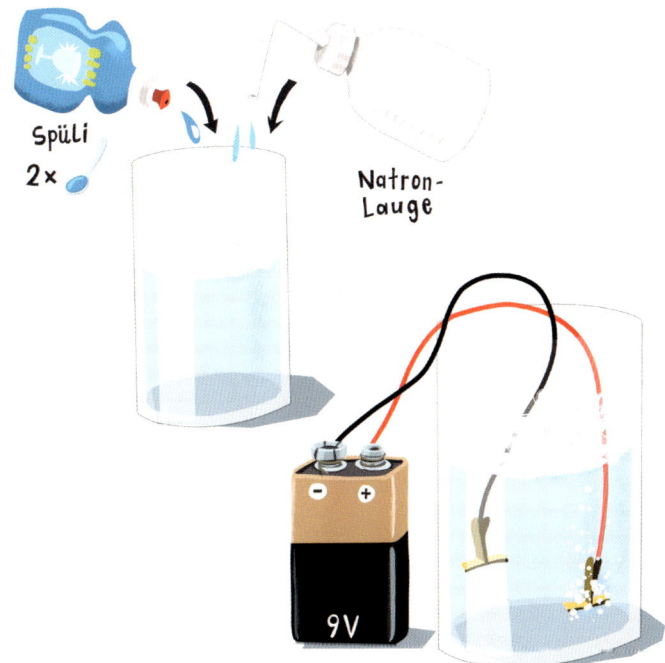

Spüli
2×

Natron-
Lauge

9V

ÜBRIGENS

Unsere Atemluft können wir als Sauerstoffquelle nicht nehmen, denn sie besteht nicht *aus reinem Sauerstoff, auch wenn das viele Menschen behaupten, sondern zum Großteil aus Stickstoff. Der ist aber langweilig (Fachwort: „inert"), weil er mit fast gar nichts reagiert.*

dere frei wegsteht. Notfalls klebt ihr die Metallenden mit Tesa an der Batterie fest, wenn's zu sehr wackelt.

An die freien Enden klemmt ihr je einen Büchersendungsclip. Eine große Büroklammer tut's auch, aber die Büchersendungsclips sind besser. Fliegen in jedem Büro rum und kosten so gut wie nix. Achtung, die Kabelenden und Büchersendungsclips eines Pols dürfen die des anderen Pols *nie* berühren. Sonst entlädt sich die Batterie.

Nehmt ein sauberes Trinkglas und gebt einen ordentlichen Schuss Spüli (ungefähr zwei Teelöffel voll) hinein. Füllt es mit Leitungswasser auf, bis es fast voll ist. Wenn Schaum entsteht, macht das nichts, das ist gut. Gebt dann noch zwei Spritzer Natronlauge hinein. Wegen der Bestandteile der Natronlauge kann der Strom leichter fließen. Statt Natronlauge könnt ihr euch in der Apotheke auch einen Esslöffel Natriumsulfat geben

Ihr habt alles richtig gemacht, wenn ihr kleine, dafür aber sehr viele Bläschen erzeugt. Bei diesem Experiment bildet sich eher Schaum als große Seifenblasen.

lassen. Das Einzige, was ihr *nicht* ins Wasser geben solltet, ist das ansonsten total harmlose Kochsalz, weil bei der Zerlegung Chlor entstehen kann, und das riecht eklig. Gefährlich ist es zwar in diesem Versuch nicht, aber muss ja nicht sein.

Nun hängt ihr die beiden Clips ins Wasser. Sie dürfen sich wie gesagt auch im Wasser nicht berühren. Am besten biegt ihr die Drähte so, dass der eine Clip unten und der andere weiter oben hängt. Am meisten Gasbläschen entstehen am Clip, der an der Batterie am Minuspol hängt. Der dazugehörige Clip sollte am tiefsten hängen, dann bilden sich auf dem Weg nach oben schönere Bläschen.

In den Seifenblasen hängt nun vor allem Wasserstoff, aber auch Sauerstoff fest. Zündet jetzt ein Streichholz an und haltet es dicht an oder sogar in den Schaum. Überall da, wo ihr das

Zu viel Wasserstoff: Die „Hindenburg" steht in Flammen.

Streichholz hinhaltet, verzischt der Schaum mit affenartiger Geschwindigkeit. Das liegt am Wasserstoff, der rasend schnell verbrennt, wenn er auch nur in die Nähe einer Zündquelle kommt. Manchmal brennt er auch ohne Zündquelle, aber nicht in diesem Versuch. Und damit eure Nachbarn nicht aus dem Bett fallen, knallen die Bläschen beim Platzen nicht, sondern ploppen superleise – dafür aber viel schneller als normaler Schaum! Denn wie ihr wisst, fackelt Seifenschaum normalerweise nicht ab, wenn ihr eine Flamme daranhaltet. Probiert's beim nächsten Badewannenaufenthalt aus. Natürlich ohne Batterie ☺.

Watt soll der Quatsch?

Wasserstoff brennt wie Sau. Das machte man sich schon vor Langem in Luftschiffen zunutze, die Wasserstofftanks mit sich führten und den Inhalt dann kontrolliert abbrannten. Das klappte eigentlich sehr gut. Leider kam es aber trotzdem immer wieder zu Bränden (siehe Foto), sodass man

TIPP

Probiert mal aus, was passiert, wenn ihr die Bläschen mit einem Strohhalm erzeugt (einfach mit einem Halm in Spüli-Wasser hineinblasen). Wetten, dass die Bläschen viel langsamer platzen als die Elektrolyse-Bläschen, wenn ihr ein Streichholz in die Nähe haltet?

den Wasserstoffantrieb erst mal zu den Akten legte.

Der bekannteste Unfall war der des Luftschiffes „Hindenburg". Das wirklich sehr schöne Fluggerät schaffte es zehn Mal von Deutschland nach Amerika und zurück. Dann aber fing es Feuer, und 35 der fast 100 Passagiere starben. Das war das Ende der Personen befördernden Zeppeline. In die Tanks der „Hindenburg" passte allerdings deutlich mehr Wasserstoff als in unsere Schaumbläschen: nämlich 60 Millionen Liter ...

Heute wird die Wasserstoffverbrennung in Motoren wieder sehr interessant, weil es so viel Theater um Erdöl beziehungsweise Benzin als Autokraftstoff gibt. Die ersten Autos fahren schon mit Wasserstoff, allerdings derzeit noch gekoppelt mit älteren Motortypen. Grund: Es ist noch nicht so leicht, Wasserstoff zu tanken.

Am coolsten finde ich, dass es seit einigen Jahren sogar Laptops gibt, die mit Wasserstoffakkus laufen. Filmegucken ohne Ende, auch wenn weit und breit kein Strom in der Nähe ist!

Fast alles, was brennt, braucht Luft, genauer gesagt: Sauerstoff. Darum erstickt ein Brand, wenn man den Sauerstoff verdrängt und ihm damit die Lebensader abschneidet.

Wie kommt es aber, dass Raketen auch dann ihren Kraftstoff verbrennen, wenn außerhalb der irdischen Lufthülle dafür kein Sauerstoff vorhanden ist?

Antwort:

Wusste ich selbst nicht, musste ich nachfragen: Die Raketen nehmen ihren Sauerstoff einfach mit! Er steckt dabei entweder chemisch gebunden im Brennstoff, oder er wird als flüssiger Sauerstoff in einem Extratank mitgeführt und dann bei Bedarf zugemixt.

Neben supermodernen Brennstoffen gibt es bis heute auch Raketen, die mit der klassischen Knallgasreaktion angetrieben werden, die ihr im Wasserglas mit Seifenblasen durchgeführt habt – Raketenpower auf dem Küchentisch!

Echte Raketenmotoren verwenden aber eine andere Mischung als eins zu eins: nämlich pro Teil Wasserstoff ungefähr das Fünffache an Sauerstoff. Das ist nur für Raketenantriebe interessant, weil reiner Wasserstoff aus einer Düse schneller ausströmt als der bei der Vermischung mit Sauerstoff entstehende Wasserdampf (Wasser = Wasserstoff plus Sauerstoff) und dann gleichzeitig zum Brennen auch noch mehr Schub entsteht.

Da ihr aber in der Küche keine Raketen antreiben wollt, reicht dort auch die ungefährliche Pi-mal-Daumen-Wasserzerlegungs-Kabel-Clip-Methode ...

Stinkende Cocktails

Stinkbomben kann man mit ganz wenigen Zutaten aus der Apotheke herstellen. Da aber neuerdings alle Leute (auch der Verlag) Panikattacken kriegen, wenn es mal ein bisschen stinkt (Giftgas! Taliban! Umweltsterben!), habe ich mir hier etwas ganz Natürliches und Erdverbundenes für euch ausgedacht. Es stinkt trotzdem wie die Hölle, ist aber nicht „chemisch", sondern biologisch, was offenbar automatisch besser ist. Gut für euch, los geht es.

Rezept

Besorgt euch ein Marmeladenglas, spült es aus und kippt einen guten Schuss Blut hinein. Nicht kleckern, klotzen! Kleine Gläser sind dabei sehr gut geeignet, beispielsweise solche, in denen Pesto, Juppie-Bio-Edelmarmeladen oder andere hochwertige Produkte verkauft werden. Der Gefäßphantasie sind aber keine Grenzen gesetzt; es geht auch mit den kleinen Plastikgefäßen mit Deckel, in denen die Dönerbude an der Ecke den fiesen Mais-Zwiebel-Bohnen-Salat verkauft. Hauptsache, der Deckel schließt wirklich richtig dicht.

Blut kriegt ihr beim Metzger, wenn ihr nett fragt und vorher die Kette mit dem umgedrehten Kreuzanhänger ablegt. Insidertipp: Meist kommt das Blut an irgendeinem Schlachttag des Schlachthofes, beispielsweise dienstags oder donnerstags. Eventuell also einfach vorbestellen und ein paar Tage warten.

Nächster Tipp: *Vorher* bezahlen, sonst denken alle, ihr spinnt, weil ihr Blut kauft. Dann sagen alle im Laden brav „Ja" und vergessen es dann sofort wieder, sobald ihr euch umdreht. Die vorprogrammierte Diskussion in der Metzgerei, dass Blut eklig sei, könnt ihr damit kontern, dass kleine Tierleichenscheiben

MATERIAL
- leeres Marmeladen- oder Gurkenglas
- Tierblut (vom Metzger; muss man oft bestellen, kriegt man dann aber)
- oder ein möglichst blutiges Stückchen rohes Fleisch (etwa daumengroß, nicht gekocht, nicht gepökelt, nicht eingelegt, nicht eingesalzen – *ganz* frisch und roh)

mit Gesicht drin („Kinderfleischwurst") und Rinderleichen-
muskelwürfelchen (Gulasch) noch tausendmal ekliger sind.

Sollte sich die Metzgerei dennoch hartnäckig weigern, besorgt
euch einfach besonders blutiges Fleisch, etwa ein frisches, blutiges Steak (also nicht Putenbrust oder so was, da ist kein Blut
mehr drin). Drückt das Steak ein bisschen aus, das reicht notfalls auch. Ist aber viel teurer.

Jetzt also das Stink-Experiment. Stellt das geschlossene Gefäß mit Blut irgendwo hin, wo es keinen stört. Eh klar. Achtung, nicht auf die Heizung und nicht dahin, wo es sehr heiß
oder trocken ist, weil dann das Blut austrocknet. Einfach den

ganzen Stinkepack in die Schreibtischschublade (eure!) und fertig. Füllstand: einige Millimeter dick, etwa einen kleinen Finger breit.

Nach einigen Tagen werdet ihr merken, dass es komisch mufft. Egal, wie dicht der Deckel ist – in der Regel werden kleine Geruchsfetzchen herausdringen. Für ganz Mutige: etwa zwei Wochen warten, dann das Ganze öffnen. Ihr werdet staunen.

Tipp (ernst gemeint): Versucht mal, den Geruch zu beschreiben. Eher wie alter Käse? Oder wie eine Biotonne im Sommer? Oder wie alte Erde? Oder wie?

TIPP

Mein Kollege Magic Andy hat einen weiteren Trick zur biologischen Stinkbomben-Herstellung auf Lager: Nehmt anstatt Blut ein oder zwei zerrührte rohe Eier. Ansonsten absolut gleiche Methode. Viel Spaß!

Was geht hier ab?

Was da riecht, ist natürlich das von Bakterien zersetzte Blut. Sie gelangen aus der Luft in das Glas, solange es noch offen ist. Die Bakterien und teils auch sehr kleine Pilze zerlegen das Blut in kleine Teile und bereiten es fürs Recycling vor. Teils bilden sie auch neue, stinkige Auswüchse.

Die Zerlegung ist aber sehr wichtig. Beispiel: Alles Eisen auf der Erde – auch das in euren und meinen roten Blutbestandteilen – ist Milliarden von Jahre alt und stammt aus einer Zeit, als es noch kein Leben auf der Erde gab. Es muss immer wieder verwendet werden. Danke an die Bakterien! Ohne die gäbe es kein Eisen für unser Blut.

Der Zerlegungsjob ist, wie bei fast allen Recycling-Tätigkeiten (Müllabfuhr), leider manchmal stinkig. Viele der Gase, die beim Zerlegen entstehen, sind gut untersucht und bekannt. Arpad Vass, ein Kollege von mir, hat sogar eine elektronische Nase entwickelt, um so an einer unbekannten Stelle vergrabene Leichen (= Körper im Recycling-Prozess der Natur) zu finden. Um sein Gerät ans Laufen zu kriegen, musste er erst einmal herauskriegen, was der Nasenroboter erriechen muss. Ein riesiges belgisches Team und Vass haben das im Jahr 2009 herausgefunden: Es sind 104 verschiedene Substanzen, darunter Ameisensäure und Aceton (stechender Geruch), Propionsäure und Buttersäure (riechen fies und eklig), Methanethiol (riecht schweflig-teuflisch) sowie, mit dem, wie ich finde, coolsten Namen: 1-Methyl-Sulfonyl-Oxi-Butan. Lecker!

⋯⋗ Leichengift

Gibt es nicht. Egal, wie oft ihr es hören werdet, Leichen sind nicht giftig, sonst dürfte man ja keine Buletten, Schnitzel und Bratwürste mehr essen. Sie bestehen nur aus Leichenfett, Leichenmuskeln, Leichendarm und weiteren Leichengeweben.

Wenn die Verwesung voranschreitet, ist es selbstverständlich eklig und ungesund, das Material samt Bakterien und zersetztem Eiweiß zu essen oder in die Augen zu reiben. Aber das dürft ihr mit Waldboden auch nicht machen. Der besteht erstens auch zum Großteil aus Pflanzenleichen, Tierleichen und Mikrolebewesen und enthält zweitens auch Tetanuserreger, die Wundstarrkrampf erzeugen können. Wenn ihr nicht geimpft seid: gefährlicher, als man meint! Auch handwerklich arbeiten sollte man ungeimpft besser nicht: Es sind früher sehr viele Leute an Tetanuserregern gestorben, wenn sie beispielsweise nur in einen herumliegenden Nagel getreten sind. Ohne Impfung wird man auch niemals (nein, wirklich niemals) gegen Tetanus immun – ein echter Schweinehund also. Also: Wer meint, dass Leichen giftig sind, darf auch nie mehr in den Wald gehen und nie mehr heimwerkern.

LEITSATZ

*Geld stinkt nicht,
Blut schon!*

Geheimes und Kryptisches

When you have eliminated the impossible, whatever remains, however improbable, must be the truth.

Wenn du das Unmögliche ausgeschlossen hast, dann ist das, was übrig bleibt, die Wahrheit, wie unwahrscheinlich sie auch ist.

(SHERLOCK HOLMES, „THE SIGN OF THE FOUR")

MATERIAL
- Milch
- fein (!) gemahle-
  ner Pfeffer
- Bügeleisen
- Zitrone
- Malpinsel aus
  dem Malkasten

Einleitung

Wozu zur Hölle sollte man Geheimnisse haben und ver-schlüsseln? Das merkt ihr spätestens, wenn ihr euren Kumpels aus dem (oder in den) Knast eine Nachricht zukom-men lassen wollt. Oder ihr wollt Agenten spielen. Oder ihr wollt euch einfach mal überlegen, warum der Zweite Weltkrieg von polnischen Sonderlingen entschieden wurde, von denen kaum jemand je etwas gehört hat.

Geheimtintenklassiker

Rezept

Nehmt einen dünnen Pinsel und schreibt damit in großen Druckbuchstaben mit Milch oder Zitronensaft etwas auf ein weißes Blatt Schreibpapier. Schreibt viel größer als sonst. Lasst das Blatt samt Schrift an der Luft trocknen. Dauert ein

bisschen. Ihr könnt in der Zeit was anderes machen oder sogar am nächsten Tag weitermachen. Ihr könnt das Papier und die Schrift aber auch vorsichtig föhnen, dann trocknet es recht schnell. Mit dem Föhn nur nicht zu nah an das Papier gehen, sonst verratet ihr euch und eure Geheimschrift zu früh. Das Ganze könnt ihr jetzt verschicken, lagern oder auch sofort wieder entziffern. Und das geht so:

Haltet das Geheimpapier über eine heiße Herdplatte (mittlere Hitze) oder legt es kurz auf oder unter einen Grill (auch hier: mittlere Hitze, nicht übertreiben) oder legt das Blatt in den heißen Ofen (mittlere Hitze, Umluft ausschalten, damit das Papier nicht herumfliegt). Die Schrift erscheint langsam, aber deutlich. Andere Methode: Streut sehr fein gemahlenen Pfeffer über das Blatt, ohne es zu erhitzen. Auch dabei erscheint die Schrift.

Was geht hier ab?

Beim Erhitzen wandeln sich Bestandteile der Milch oder der Zitrone so um, dass sie bräunen, während das restliche Papier erstaunlich hitzefest ist und sich nicht verfärbt.
Die Methode hat eine kleine Schwäche. Wenn jemand das geheim beschriebene Papier zwischendurch entdeckt und schräg gegen das Licht hält, kann er oder sie die Schrift manchmal als weißliche Schattierung erahnen. Ist die Schrift allerdings dünn genug, dann kann man über die Zitronen- oder Milchschrift einen zweiten Text zur Tarnung schreiben. Gerade weil die Methode so einfach ist, wird sie wirklich kaum entdeckt.

LEITSATZ

Natürlich täuscht am besten.

Brennende Tinte und Salpeterherzen

Rezept

Rührt in eine halbe Tasse mit warmem Leitungswasser nach und nach so viel Kaliumnitrat (aus der Apotheke) ein, bis am Boden Krümel liegen bleiben. Die Lösung ist dann gesättigt (S. 73). Wenn euer Apotheker Bedenken hat, kann er oder sie die Lösung auch für euch anrühren. Ist eh praktischer.

Schreibt nun mit dem Pinsel und dieser „Tinte" etwas aufs Blatt. Macht große Buchstaben oder Zeichen. Dicke Linien sind besser als dünne. Ich male die Linien meist so fett, wie mein kleiner Finger breit ist.

Lasst das Ganze trocknen. Malt die Linien noch einmal nach und lasst sie erneut trocknen.

MATERIAL
- Kaliumnitrat (Salpeter)
- Papier
- Pinsel

Dieses Papier könnt ihr jetzt wochenlang aufheben oder gleich „entziffern". Haltet das Blatt dazu an den beiden oberen Ecken fest. Jemand soll euch dann helfen und ein brennendes Streichholz oder eine Feuerzeugflamme an eine der Salpeterlinien halten. Achtung, das Papier darf dabei *nicht brennen!* Es soll nur an einer kleinen Stelle glimmen.

Langsam, aber sicher frisst sich das glimmende Ende entlang der unsichtbaren Linie, und die Figur wird sichtbar. Besser als Buchstaben ist ehrlich gesagt ein Kreis oder – für Romantiker – ein Herz. Es gehen auch mit *einer* Linie gemalte Seitenporträts (wie Scherenschnitte) und dergleichen.

Die Linien sollten sich möglichst nicht überkreuzen, weil das Papier an den ausgebrannten Kreuzungen frei herunterhängt oder die herausgefressenen Einzelteile am Boden liegen, sodass man nicht mehr erkennen kann, was gemeint war.

Watt soll der Quatsch?

Es stand kürzlich sogar im Magazin der *Süddeutschen Zeitung*: Als Cowboys und Piraten verkleiden sich im Karneval fast alle Jungs. Eine Verkleidung als Indianer suchen sich nur die Freaks aus. Allerdings kriegen genau diese Freaks zehn Jahre später die nettesten Mädchen ab. Mit anderen Worten und etwas weiter gedacht: Es kommt der Tag, an dem Mädels kauziges Zeugs sexy finden.

Das geht natürlich nur, wenn man es auch entsprechend verpackt. Hier eine wahre Geschichte: Ich hatte im Labor noch etwas Salpeter übrig, also löste ich es kurz vor meiner Hochzeit in Wasser auf und malte damit ein Herz auf ein großes Blatt. Meine Frau glimmte bei der Hochzeit eine Ecke des weißen Blattes an, und dann fiel allen die Kinnlade runter: Es hatte sich kurz darauf ein Herz aus dem Blatt gefressen.

Ich staunte, dass alle darüber staunten: Weiß denn nicht jeder, dass Salpeter die Verbrennung beschleunigt, aber auf Papier gestrichen eben nur glimmt und nicht gleich alles abfackelt? Nö. Ich wusste es auch nur, weil ich meine Nachmittage früher im Buchladen in der menschenleeren Ecke mit Experimentierbüchern verbracht habe. Spätes Ergebnis: Rock 'n' Roll, Romantik, runde Augen! Alles für ein brennendes Herz. Drei Jahrzehnte Warten hatten sich gelohnt.

TIPP

Achtung, das Ganze kann ordentlich rauchen und qualmen. Nicht in der Nähe von Brandmeldern, sondern am besten im Freien oder über der Spüle bei offenen Fenstern machen.

LEITSATZ

Liebe wird durch Feuerherzen noch heißer!

Verschlüsselungen

Rezept

- Besenstiel
- Schere
- Papier
- Tesa

Schneidet ein Blatt Papier in gleich breite Streifen. Klebt sie aneinander, sodass ein superlanger Streifen entsteht. Wickelt den Streifen bündig und spiralförmig um einen Besenstiel.

Schreibt in gleich breiten, nicht allzu großen Druckbuchstaben eine Nachricht in mehreren Zeilen entlang des Stiels.

Wickelt den Streifen ab und versendet ihn oder lagert ihn.

Nur wenn der Empfänger (oder ihr selbst) einen Stab genau derselben Dicke hat, kann der Text entziffert werden. Wer eine Täschnerin oder einen Schuster kennt (ich kenn eine, wie man sieht), kann sich den Streifen auch aus Leder basteln – ganz griechisch –römisch – klassisch!

Watt soll der Quatsch?

Schon wieder eine Methode, die so doof ist, dass man denkt, es wäre Kinderkram. Ist es aber nicht. Es handelt sich hier um eine der erfolgreichsten Verschlüsselungsmethoden für den Alltagseinsatz. Sie wurde schon vor über 2000 Jahren angewendet, damals sogar noch für militärische Zwecke. Aus dieser Zeit kommt auch der Name der Verschlüsselungsmethode: „Skytale". Das ist nicht englisch gemeint („sky tale": „Himmelserzählung"), sondern ist bloß das altgriechische Wort für Stock.

Ausgehend von dieser Verschlüsselungsmethode kann man sich noch einiges ausdenken, um das Ganze auch für jemanden, der eine Sammlung aller Besenstiele der Welt besitzt, schwer zu machen. Selbst wenn derjenige das Band um jeden einzelnen seiner Stiele wickelt, wird er nicht weiterkommen.Beispielsweise kann man den verschlüsselten Satz erst einmal in Blöcke aus drei Buchstaben zerlegen und untereinander schreiben.

Aus:

HALLO EXPERIMENTATORINNEN

wird dann:

HAL
LOE
XPE
RIM
ENT
ATO
RIN
NEN

Das schreib ihr jetzt von oben nach unten auf das Band, das um den Stock gewickelt ist:

HLXREARNAOPINTIELEEMTONN

Kein normaler Mensch kann das noch entschlüsseln. Deswegen müsst ihr eurem Empfänger mit getrennter Post verraten, in welche Blöcke ihr eure Schrift aufgeteilt habt, sonst kann auch er – trotz richtigem Besenstiel – die Nachricht nicht lesen. Wenn man etwas von Mathematik versteht, sieht die Sache natürlich anders aus. Aber wer versteht schon was von Mathe?

Codes knacken

Die bekannteste Art des Geheimtextknackens stammt schon wieder von Sherlock Holmes. In der Geschichte „Die tanzenden Männchen"

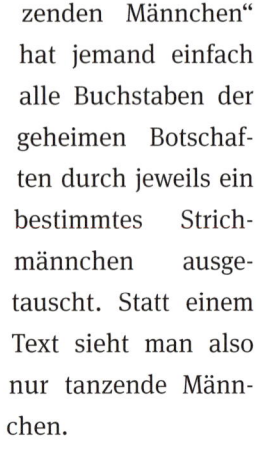

hat jemand einfach alle Buchstaben der geheimen Botschaften durch jeweils ein bestimmtes Strichmännchen ausgetauscht. Statt einem Text sieht man also nur tanzende Männchen.

Diesen Männchen-Code kann man gut knacken, wenn man Buchstabennudeln-Zählen (S. 36) gut findet. Es ist nämlich bekannt, welche Buchstaben besonders häufig in Worten vorkommen (beispielsweise das E). Das häufigste Männchen entspricht also dem häufigsten Buchstaben, das zweithäufigste dem zweithäufigsten Buchstaben und so weiter. In jeder Sprache sind es andere Buchstaben und Häufigkeiten.

Die Buchstaben-Ersetzungsmethode lässt sich stark verfeinern, ist dann recht brauchbar und wird daher bis heute angewendet. Dass man sie trotzdem knacken kann, hat möglicherweise (ich würde sogar sagen: auf jeden Fall) den Zweiten Weltkrieg entschieden.

⤳ Enigma

Enigma ist nicht nur ein sehr cooler, wie ein Puzzle tätowierter Künstler, sondern auch eine 1918 erfundene deutsche Ver- und Entschlüsselungsmaschine. Sie erzeugte so komplizierte Buchstabenvertauschungen, dass Menschen sie nicht mehr knacken konnten. Allerdings wurden Teile der Schlüsselanleitung von Spionen verraten. Dagegen nützt natürlich auch die beste Verschlüsselung nichts.

Trotzdem wurden in der Maschine aber ständig wichtige Bauteile ausgetauscht, sodass die verratenen Informationen alleine noch nicht genügten, um die mit der Enigma-Maschine verschlüsselten Texte zu entziffern.

Der damals 27-jährige polnische Mathematiker Marian Rejewski schaffte es aber, die Verdrahtungsreihenfolge zu *erraten*, die in dem militärisch verwendeten Enigma-Gerät steckte. Gegen sehr kluges Raten ist natürlich noch viel weniger ein Kraut gewachsen als gegen Verrat. (Raten ist bis heute eine der wichtigsten Methoden, um Passwörter zu knacken.)

Ein englisches Team baute daraufhin mit zuletzt etwa zehntausend Frauen und Männern sowie dem Mathematiker Alan Turing eine Entschlüsselungsmaschine – ein echter Riesenapparat, die „Turing-Bombe". Dieser Rechner schränkte die bis dahin unüberschaubare Anzahl von Verschlüsselungsmöglichkeiten so ein, dass die geheimen Nachrichten der Deutschen massenhaft geknackt werden konnten. Dies hat nach der Meinung einiger Menschen (auch meiner) den Zweiten Weltkrieg so entschieden, wie er verlief. Die Engländer kannten beispielsweise schon sehr früh die Angriffspläne der Deutschen gegen Polen, Russland und England – bis zur genauen Anzahl der Soldaten und Kriegsgeräte.

Damit die Deutschen nicht erkannten, dass die Enigma geknackt war, „dankten" die Engländer frei erfundenen Spionen für ihre Leistungen. Dazu nutzte man Funkfrequenzen, von denen bekannt war, dass die Deutschen sie sowieso abhörten.

Alan Turing war nicht nur ein militärisch eingesetzter Codeknacker, sondern auch der Erste, der einen programmierbaren Computer konstruierte. Er schrieb zudem das erste Schachprogramm der Welt. Trotzdem wurde er nie zu dem Helden, der er nach jedem Maßstab der Welt war. Homosexualität war damals noch schlecht angesehen, und der schwule Turing starb darüber jung. Bis heute bekannt sind allerdings der nach ihm benannte Turing-Preis und der von ihm erdachte Turing-Test, der künstliche Intelligenz prüft.

Geheimnis des Codes vor CIA

Ein Besenstiel, Maschinen oder Gehirnwindungen genügen nicht, um Codes zu knacken. Vor dem Hauptquartier des US-Geheimdienstes CIA steht ein Beispiel dafür. Dort hat der Künstler James Sanborn jede Menge Buchstabenfolgen in ein großes Kupferband geschnitten. Bis heute haben die CIA-Agenten den Text nicht vollständig entschlüsselt.

Besonders eine knapp 100 Buchstaben lange Reihe gibt den Schlapphüten bis heute Rätsel auf. Und das, obwohl der restliche Text eine (mit viel Arbeit) durchaus knackbare Verschlüsselung beinhaltete. „Ich finde das ganz okay so", meint der Krypto-Künstler Sanborn dazu. „Ein Kunstwerk wird schließlich umso langweiliger, je mehr darüber bekannt ist." Den Schlüssel, den er vor über 20 Jahren nur für das Kunstwerk zusammen mit einem ehemaligen CIA-Mitarbeiter entwickelt hat, verrät er deshalb nicht.

Wunderkasten für Geheimschriften

Dieses hübsche Experiment fasst alles zusammen, was dieses Buch zeigen sollte: dass es Spaß macht, rumzufummeln, zu experimentieren und dabei durchaus auch Quatsch zu machen. Und ihr könnt es sogar richtig edel ausgestalten, wenn ihr wollt.

Rezept

Lasst euch in der Apotheke fünf Gramm Kupfersulfat x 5 H_2O in 50 Milliliter destilliertem Wasser auflösen. Wenn ihr es selbst machen wollt, zerreibt das Kupfersulfat vor dem Auflösen auf einem Stück Papier zu feinem Pulver und löst es dann in 100 Milliliter Bügelwasser auf.

Mit der hellblauen Lösung zeichnet oder schreibt ihr jetzt irgendetwas Schickes. Lasst das Ganze wie gehabt trocknen.

Ihr könnt viel feiner schreiben und zeichnen als in den beiden Experimenten zuvor. Ich habe sogar schon gute Porträts, Tiere und so weiter gesehen, die mit dem Wunderkasten entstanden.

Wenn ihr gerne fummelt, könnt ihr die „Tinte" sogar in einen alten Füller aufziehen (oder immer wieder eintunken) und damit fein schreiben oder zeichnen. Achtung, auf keinen Fall das teure oder sonst wie wertvolle Familienerbstück verwenden, weil das Kupfersulfat manche Metallteile eines Füllers angreifen kann.

Jetzt kommt der coole Teil. Besorgt euch irgendeinen Karton. Es kann ein Schuhkarton sein oder ein hochchic verzierter oder beklebter Schmuckkarton. In den Deckel schneidet ihr einen Schlitz, durch den euer Papier passt.

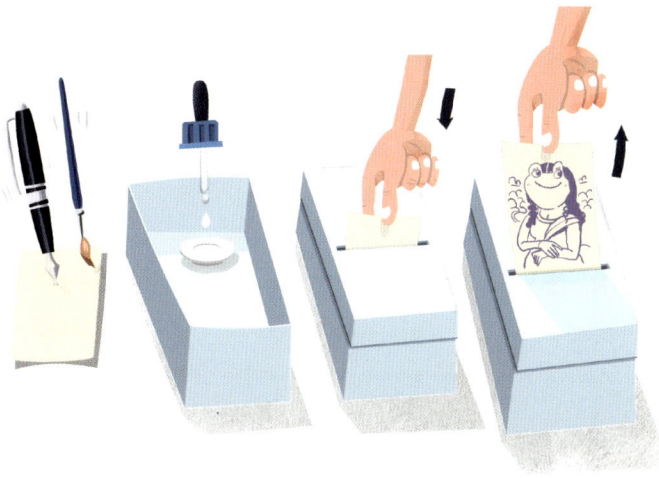

Wenn ihr das geheime Bild sichtbar machen wollt, stellt ihr ein Tellerchen in den Karton. Auf den Teller kommt ein Schuss der fünfprozentigen Ammoniaklösung. Stellt den Teller ein bisschen an die Seite des Kartoninneren, denn ...

... zum Entwickeln schiebt ihr jetzt nur das Blatt durch den Schlitz und lasst es einige Minuten dort. Zieht es dann wieder heraus, und ihr seht euer Gemälde oder Schriftstück in schönstem Blau, manchmal auch mit rotbraunen Schattierungen.

LEITSATZ

Im Dunkeln ist gut munkeln.

Was geht hier ab?

D as vom Teller entweichende gasförmige Ammoniak trifft auf das Kupfer in der Zeichnung und wandelt es in tiefblaue Linien um. Wenn man zum Malen oder Schreiben statt eines Pinsels einen Metallstift verwendet hat, löst sich aus der Schreibfeder manchmal zusätzlich Eisen, das dann einen rostigen Ton ergeben kann.

Einfach so zum Abschluss noch mal eine schöne Stoffumwandlung, ein bisschen Gebastel und ein entschlüsseltes Geheimnis. Noch dazu stinkt es stechend nach Ammoniak. Was will man mehr?

Hinweise für Apotheker

Diese Erklärung berechtigt (hoffentlich) zum Kauf von kleinen Mengen der für sehr lässige Experimente benötigten Zutaten.

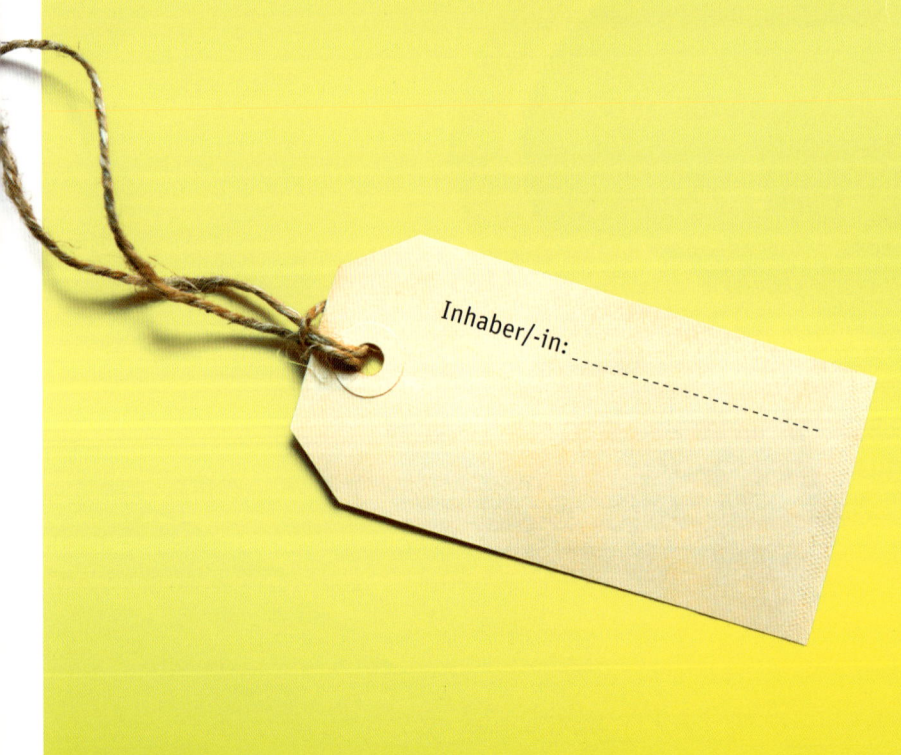

Inhaber/-in: _____

Erklärung für Apotheker

Liebe Apothekerin, lieber Apotheker –

um etwas zu lernen, muss man experimentieren. Haben Sie ja früher auch so gemacht.

Der Kinder- und Jugendbuchverlag Friedrich Oetinger und der Kriminalbiologe Mark Benecke haben deswegen ein Buch zusammengestellt, mit dem man mit Spaß und Verve Experimente durchführen kann. Viele davon lassen sich mit Hausmitteln durchführen, für andere benötigen die Experimentator(inn)en Ihre Hilfe bei der Materialbeschaffung.

Bitte schauen Sie sich gerne im Buch an, wozu die Zutaten dienen. Es ist wirklich harmlos, wenngleich manchmal etwas matschig ☺.

Sie erkennen, dass es hier nicht um Bombenbau geht, sondern darum, der nächsten Generation von Tüftlern die Chance zu geben, systematisches Variieren, Prüfen, Falsifizieren und Verifizieren zu lernen. Haben Sie tausend Dank für Ihre Hilfe! Wir brauchen nichts mehr als junge Menschen, die unterscheiden lernen zwischen objektiv Wahrem und Beweisbarem auf der einen und Geglaubtem auf der anderen Seite.

Ihr

[Unterschrift]

Dr. Mark Benecke
Kriminalbiologe und öffentl. best. u. vereid. Sachverständiger für biologische Spuren

Literatur

Ich habe ja schon erwähnt, dass ich als Kind schon experimentiert habe und es immer noch gerne tue. Hier ein paar Experimentierbücher aus meinem Regal, die ich auch beim Tüfteln für dieses Buch hervorgezogen habe:

HERMANN RÖMPP (1941) *Chemie des Alltags.* Kosmos/Franckh, Stuttgart

HERMANN RÖMPP (1950) *Chemische Zaubertränke.* Kosmos/Franckh, Stuttgart

HERMANN RÖMPP (1958) *Chemische Experimente, die gelingen.* Kosmos/Franckh, Stuttgart

HERMANN RÖMPP, HERMANN RAAF (1977) *Chemische Experimente mit einfachen Mitteln.* dtv, München

FRANÇOIS CHERRIER (1983) *Chemie macht Spaß!* Schreiber, Esslingen

OTTO KRÄTZ (1991) *Historische chemische Versuche. Eingebettet in den Hintergrund von drei Jahrhunderten.* Aulis, Köln

HERBERT ROESKY, KLAUS MÖCKEL (1996) *Chemische Kabinettstücke.* 1. korr. Nachdruck, VCH, Weinheim

ANDREAS KORN-MÜLLER, ALEXANDER STEFFENSMEIER (2004) *Das verrückte Chemie-Labor.* Patmos, Düsseldorf

ANDREAS KORN-MÜLLER, ALEXANDER STEFFENSMEIER (2010) *Funkenregen, Stinkbombe, Zuckerblitz.* Sauerländer, Mannheim

KLAUS SCHMEH (2012) *Nicht zu knacken.* Carl Hanser Verlag, München

Einige Titel sind vergriffen, aber antiquarisch noch zu bekommen.

Zum Autor

Mark Benecke arbeitet weltweit als Kriminalbiologe. Er fand in der Schule Naturwissenschaften unterhaltsam, kann dafür aber bis heute weder Fußball spielen noch Auto fahren. Benecke weiß, was der Unterschied zwischen Kochsalz und Glaubersalz ist, und hat mit diesem Grundwissen und einigen Löchern im Teppich die Experimente für dieses Buch gebastelt. Nebenbei ist er Mitglied im Ausschuss für die Ig-Nobelpreise, die jährlich an der Universität Harvard verliehen werden.

Dank

Die coole Täschnerin Simone Gögelein hat mir netterweise beim Bau der Skytale geholfen, und meine Lektorin Julia Jochim hat mit viel Ruhe ein Meer des experimentellen Wahnsinns ermöglicht und gebändigt. Schönen Dank dafür!

Register